Conhecida e amada

Publicações RBC

52 DEVOCIONAIS BASEADOS NO LIVRO DE SALMOS

CARYN RIVADENEIRA

Copyright © 2013 by Caryn Rivadeneira
Originally published in English under the title *Known and Loved* by Revell,
a division of Baker Publishing Group
Grand Rapids, Michigan, 49516, U.S.A.
All rights reserved.

Coordenação editorial: Rita Rosário
Revisão: Dayse Fontoura, Rita Rosário
Projeto gráfico e capa: Audrey Novac Ribeiro

Dados Internacionais de Catalogação na Publicação (CIP)

Rivadeneira, Caryn
Conhecida e amada: 52 devocionais baseados no livro de Salmos
Tradução: Andreia Brisola, Cristina Cardoso, Bethany Dowdy, Rafaela Kalil, Letícia Perdosin, Elaine Pereira, Lígia Pontalti, Alessandra Rigazzo, Brenda Staut
Curitiba/PR, Publicações RBC
Título original: *Known and Loved —52 devotions from the Psalms*

1. Devocional   2. Vida cristã   3. Fé

Proibida a reprodução total ou parcial, sem prévia autorização, por escrito, da editora.

Todos os direitos reservados e protegidos pela Lei 9.610, de 19/02/1998.

Exceto quando indicado no texto, os trechos bíblicos mencionados são da edição Revista e Atualizada de João Ferreira de Almeida © 1993 Sociedade Bíblica do Brasil.

Publicações RBC
Rua Nicarágua, 2128, Bacacheri, 82515-260, Curitiba/PR, Brasil
E-mail: vendas_brasil@rbc.org
Internet: www.publicacoesrbc.com.br • www.ministeriosrbc.org
Telefone: (41) 3257-4028

Código: P1358
ISBN: 978-1-60485-970-6

1.ª edição: 2014
1.ª impressão: 2014

Impresso no Brasil • *Printed in Brazil*

Sumário

Prefácio 11

Introdução: Como Davi 13

    Parte 1: Você foi feita maravilhosamente 17

    Parte 2: Você é guardada por Deus 29

    Parte3: Você é parte da história de Deus 43

    Parte 4: Você é uma obra em andamento 55

    Parte 5: Você é feita à imagem de Deus 69

    Parte 6: Você foi feita para muitas coisas 83

    Parte 7: Você tem a chance de recomeçar 97

    Parte 8: Você é digna 113

    Parte 9: Você é amada por Deus 125

    Parte 10: Você é chamada e equipada 139

Apêndice A: Sobre os Salmos 157

Apêndice B: Escreva seu próprio salmo 162

Guia de Estudo 165

Agradecimentos

Por mais que os autores fiquem sozinhos enquanto escrevem, nenhum livro acontece sem ajuda de outras pessoas — e esta ajuda toma diversas formas.

Então, para começar, obrigada a todas as mães que me cercam e que compartilharam histórias e porções da verdade que deram os contornos deste devocional.

À minha própria mãe, Catherine Dahlstrand, que me incentivou durante o processo de escrita e que me encoraja quanto à maternidade.

Às mães de minha família, amigas e círculos íntimos que compartilharam histórias de como Deus tem atuado por intermédio da maternidade (a maioria delas sem jamais pensar que seus relatos acabariam em um livro! Mas eu sou escritora; elas deveriam prever isto, certo?).

E a todas as mães que conheci no MOPS e outros grupos de mães por todo os Estados Unidos. Muitas delas corajosas e maravilhosas que estão fazendo o que é certo neste mundo!

Agradeço, também à minha agente literária, Andrea Heinecke, que me apresentou a este projeto e "tocou" todo o trabalho, e a Jean Black-mer, cujo direcionamento, desde o princípio, ajudou a dar forma a esta ideia.

À reverenda Tracey Bianchi, que ouviu minhas primeiras considerações, ainda difusas, sobre este projeto, viu sentido naquele amontoado de ideias e me deu boas instruções. E a Carla Foote e Andrea Doering por se tornarem defensoras deste projeto.

É claro que também às minhas amigas escritoras. Não consigo imaginar o que seria esta vida de autora sem vocês.

Um agradecimento especial ao Reverendo Gregg DeMey por atuar como meu especialista em Salmos e por não abandonar essa função,

apesar de eu ter desafiado abertamente o seu treinamento teológico (mesmo que eu mesma não tivesse este treinamento) e questionasse seu hebraico (quando tudo o que eu sei é "shalom"). Shalom. Agradeço aos autores dos Salmos (na esperança de que possam ler isto no céu). Especialmente a Davi. Rei Davi, o que posso dizer? Obrigada por ter compartilhado o que ia em seu coração, mente e alma de forma tão linda e transparente.

E, como sempre, obrigada à minha família: meu marido, Rafael, meus filhos Henrique, Greta e Fredrik. Obrigada por sua disposição em deixar que sua vida fosse exposta pelo meu trabalho e por aguentar meu humor não tão bom à medida que os prazos finais se aproximavam. Vocês são as melhores histórias que eu tenho acontecendo. E todas as vezes que eu os vejo sou lembrada de que a bondade e a misericórdia estão certamente me seguindo todos os dias da minha vida.

A tradução deste livro foi possível graças ao esforço conjunto de mães e líderes do ministério MOPS Brasil.

CARYN RIVADENEIRA oferece 52 devoções inspiradas nos Salmos que mostram às mulheres como Deus as vê, para qual propósito as criou e como as criou. Ela conduz as mulheres em dez áreas importantes de identidade, tecendo as histórias de sua própria vida e da vida de outras mães, mostrando que elas são valorizadas e são valiosas.

Por trás do rosto sorridente de tantas novas mamães está uma mulher que, de repente, perdeu um pouco do senso de si mesma. Muitas mães de crianças pequenas se sentem sozinhas, isoladas e confusas sobre o seu novo papel. Elas têm um forte desejo de terem suas histórias conhecidas e de se sentirem amadas.

Como mulheres e mães, é fácil definir-nos em vários papéis — você é mãe durante todo o dia, às vezes tão mãe que pode se esquecer de que também é uma mulher. E você também pode ter o papel de esposa, irmã, filha, funcionária, voluntária, vizinha, amiga e muitos outros mais. Enquanto você pode sentir-se definida ou até mesmo presa por muitos papéis, em algum lugar lá dentro de você, você é você — a sua identidade é fundamental, mais ainda do que todos os papéis que você possa assumir.

Valorize a sua experiência de vida!

Os textos são curtos e permitem que você encontre na experiência da autora um espaço para refletir sobre algum fato da sua história e como Deus agiu em determinadas situações de sua vida!

No final do livro um guia de estudos acompanha alguns devocionais das seções do livro. Se você é líder de um grupo de mães, use este recurso no momento devocional com suas mães.

Conhecida e amada

Que seus encontros entre amigas sejam de grande crescimento para mães e líderes! Minha oração é que toda mãe seja *amada* e *conhecida* pela amabilidade por todos (Filipenses 4:5). E que Deus use você como condutora do amor e fidelidade dele com sua história e experiências.

Que o Senhor nos capacite a conduzir cada mãe a encontrar, mesmo em meio à bagunça diária, a doçura através do conselho cordial (Provérbios 27:9), a exercer o amor fraterno, a ser amável, a praticar a gentileza, a generosidade e que seja tratável e pacífica em seu lar e em todos os seus relacionamentos!

Um abraço,
Cristina Cardoso
Coordenadora MOPS Brasil

Prefácio

Pode parecer ilógico que apesar de estarmos rodeadas por nossos filhos todos os dias, o dia todo, possamos nos sentir isoladas e solitárias, mas é assim que, muitas vezes nos sentimos.

Vemo-nos presas aos desafios de servir às aparentes infinitas necessidades e desejos de nossos filhos e nos esquecemos de que temos mente, coração e alma que também precisam ser nutridas.

Porém, este maravilhoso devocional baseado nos Salmos nos recorda de que precisamos ser cuidadas, e de que nosso Pai celestial anseia por ser aquele que o fará.

As palavras sábias, espirituosas e calorosas de Caryn a ajudarão a entrar na presença de Deus de forma tranquilizadora e reconfortante.

Você se descobrirá conhecida e amada e terá a certeza de que não está sozinha em sua jornada na maternidade.

—Helen Lee, autora de vários livros e artigos cristãos.

Introdução

Como Davi

O que podemos aprender sobre nós mesmas com leitura dos Salmos?

Depois de uma hora fazendo lanches, montando brinquedos, apartando brigas, programando cronômetros para o cantinho da disciplina, enxugando lágrimas, exigindo desculpas e levando as crianças de volta ao cantinho da disciplina, já bastava. Eu precisava fugir. Entrar no esconderijo da mamãe.

Então acomodei as crianças, escolhi um filme para elas, peguei um livro para mim, e fui de mansinho para o meu quarto.

Fechei a porta devagarinho, ajeitei o edredom, acertei os travesseiros, e dei duas batidas no colchão, convidando o meu cachorro para saltar para a cama e se juntar a mim. *Sozinha finalmente. Só o meu livro, o meu cachorro e eu.*

Mas, então, a minha Bíblia, lá no meu criado-mudo, me incomodou, e a culpa bombardeou o meu coração. Já fazia um tempo desde a última vez que havia aberto aquela Bíblia sozinha. Até a minha vida devocional era agora compartilhada com meus filhos. Nada sozinha. Nem mesmo o tempo com Deus.

Com um suspiro dramático (para deixar claro para Deus do que eu estava abrindo mão por Ele!), deixei o livro de romance de lado

e peguei a Bíblia. Ela se abriu onde estava o marcador de páginas, no Salmo 1.

Um capítulo tão bom quanto qualquer outro, pensei. E comecei a ler muito rapidamente este salmo familiar, e, logo em seguida, o Salmo 2, que aparentemente não tinha nenhuma ligação com seu antecessor. Então parei. Meu queixo caiu quando li as pequenas letras que vinham logo abaixo do Salmo 3 e que mudariam a forma como eu leria os salmos, a forma como entenderia seus escritores. "Salmo de Davi", estava escrito. E então: "Quando fugia de Absalão, seu filho."

Enquanto a tristeza do significado dessas simples linhas penetrava em meu coração — Davi *fugiu* porque seu filho queria matá-lo — outro pensamento estranho invadiu minha mente. Quando olhei para a minha porta fechada, à minha frente, e ouvi o barulho do filme dos meus filhos do outro lado da parede, percebi que, de certo modo, eu tinha fugido.

Sou como Davi, pensei. Mas imediatamente me corrigi.

Claro que não sou nada como esse rei. Ele tinha ido se esconder porque Absalão queria *matá-lo* para assumir o trono. Embora os meus filhos estivessem aparentemente rebeldes naquele dia, com certeza eles não ansiavam assumir as minhas responsabilidades.

Davi foi um rei dos tempos antigos, do Oriente Médio. Já eu sou uma mãe ocidental moderna.

Davi pastoreou ovelhas, matou um gigante, compôs músicas, liderou exércitos, tinha uma casa cheia de esposas e concubinas. Eu já acariciei ovelhas, matei *formigas* gigantes, escrevi postagens em *blogs*, liderei exércitos de, bem, nada, e, para completar encontrei um marido. E isso é tudo, muito obrigada.

Ainda assim, sou tão parecida com Davi. Tenho medo, mas sou arrogante. Fico desesperada, mas sou grata. Eu sou forte, mas sou humilhada. Eu sou desajustada, mas sou excepcionalmente talentosa. Sou improvável, mas sou chamada. Sou uma pecadora, mas fui perdoada. Sou um desastre, mas sou amada por Deus.

Na maioria das vezes sinto-me como uma grandiosa mistura de um monte de coisas estranhas, mas eu também fui assombrosa e maravilhosamente formada. Assim como Davi. Assim como você.

Mesmo que o livro de Salmos seja um dos meus preferidos, depois daquela tarde eu me voltei para ele com interesse renovado.

Aquele dia em que fui para o esconderijo ocorreu durante uma época da minha vida em que me sentia perdida como mãe e como mulher. Minha identidade, tanto como que eu me via e como os outros me viam — de alguma forma tinha se perdido na desordem do fundo de uma caixa de brinquedos. Eu me perguntava quem eu era, como e por que Deus me fizera. Ponderava sobre qual seria o meu papel neste mundo.

Quando comecei a revisitar os Salmos, percebi que este livro oferece um presente para além da mera beleza das linhas e letras musicais. Nele, perscrutamos diretamente os corações, mentes e almas dos escritores. Chegamos à sua essência (meu "gêmeo" Davi escreveu apenas cerca de metade deles). Nós os vemos tropeçando e sendo bem-sucedidos. Louvando a Deus e se perguntando onde Ele estava. Sentindo-se seguros e confusos.

Os salmos nos permitem perceber que, embora estas pessoas sejam tão diferentes de nós, ainda assim têm conosco tantas semelhanças — em sua humanidade completa, quebrantada e maravilhosa. E em sua busca para entender o que isso significa, nós os vemos buscando entender Deus — e sua missão em Seu mundo.

E pelo fato de os Salmos serem Palavra de Deus, nós não apenas podemos ler os questionamentos e anseios daqueles que os escreveram, mas também ouvimos Deus falando conosco sobre a forma como nos fez, como nos vê e como nos ama. Neles, o Senhor nos diz quem somos.

Uma vez que entendi isto, a leitura deste livro me ajudou a começar a entender mais sobre mim, sobre o plano de Deus para minha vida, sobre minha missão, sobre quem Deus diz que eu sou.

Conhecida e amada

Talvez a coisa mais importante foi que nessa busca para saber mais a meu respeito, descobri mais sobre o Senhor — o Deus que ama tanto cada uma de nós que nos fez únicas, maravilhosas e cheias de propósito. Esse propósito inclui a maternidade, ainda que vá muito além disso. O Deus que nos ama, nos ouve e nos perdoa. O mesmo Deus que é digno de todo nosso louvor.

Mesmo que você já tenha lido a Bíblia muitas vezes ou caso nunca a tenha lido anteriormente, ou, quem sabe, tenha começado e abandonado a sua leitura, você vai descobrir que o tempo investido nos Salmos sempre nos nutre, nos alimenta. Às vezes, em formas claras, óbvias; às vezes por meio do totalmente inesperado. Principalmente considerando que estas palavras foram escritas há três mil anos por pessoas cujas vidas se pareciam muito pouco com a nossa. E, no entanto, as dores, os anseios, as perguntas, e a adoração — todos eles parte da experiência humana — permanecem os mesmos. Isto é realmente impressionante.

Nos cinquenta e dois devocionais deste livro — divididos em categorias gerais e temas individuais sobre quem Deus diz que nós somos — você encontrará textos antigos misturados a histórias modernas. Afinal, esta busca para descobrir quem somos e porque Deus nos fez é atemporal, universal. Mesmo quando nos sentimos solitárias em nossas lutas.

Como nós mães não temos muito tempo de privacidade, espero que você se esforce para encontrar um tempo e local onde consiga lê-los a sós. E que você pense na possibilidade de uma leitura completa, à parte, dos Salmos. Realmente torço para que tenha tempo para ler estes devocionais — quer sozinha, quer com amigas, ou numa combinação destes dois — e que invista tempo pensando, escrevendo, desenhando, ou apenas conversando sobre o porquê de Deus tê-la criado, como Ele a dotou de talentos, e porque, para Ele, você é tão maravilhosa e amada.

Parte 1

Você foi feita maravilhosamente

> Senhor, tu me sondas e me conheces
> Sabes quando me assento e quando me levanto;
> de longe penetras os meus pensamentos.
> Esquadrinhas o meu andar e o meu deitar
> e conheces todos os meus caminhos.
> Ainda a palavra me não chegou à língua,
> e tu, Senhor, já a conheces toda.
> Tu me cercas por trás e por diante e sobre mim pões a mão.
> Tal conhecimento é maravilhoso demais para mim:
> é sobremodo elevado, não o posso atingir.
>
> Para onde me ausentarei do teu Espírito?
> Para onde fugirei da tua face?
> Se subo aos céus, lá estás; se faço a minha cama
> no mais profundo abismo, lá estás também;
> se tomo as asas da alvorada e me detenho
> nos confins dos mares,
> ainda lá me haverá de guiar a tua mão,
> e a tua destra me susterá.
> Se eu digo: as trevas, com efeito, me encobrirão,
> e a luz ao redor de mim se fará noite,

Conhecida e amada

até as próprias trevas não te serão escuras:
as trevas e a luz são a mesma coisa.

Pois tu formaste o meu interior,
tu me teceste no seio de minha mãe.
Graças te dou, visto que por modo
assombrosamente maravilhoso me formaste;
as tuas obras são admiráveis, e a minha alma o sabe muito bem;
os meus ossos não te foram encobertos,
quando no oculto fui formado e entretecido
como nas profundezas da terra.
Os teus olhos me viram a substância ainda informe,
e no teu livro foram escritos todos os meus dias,
cada um deles escrito e determinado,
quando nem um deles havia ainda.
Que preciosos para mim, ó Deus, são os teus pensamentos!
E como é grande a soma deles!
Se os contasse, excedem os grãos de areia;
contaria, contaria, sem jamais chegar ao fim.

Tomara, ó Deus, desses cabo do perverso;
apartai-vos, pois, de mim, homens de sangue.
Eles se rebelam insidiosamente contra ti
e como teus inimigos falam malícia.
Não aborreço eu, Senhor, os que te aborrecem?
E não abomino os que contra ti se levantam?
Aborreço-os com ódio consumado;
para mim são inimigos de fato.
Sonda-me, ó Deus, e conhece o meu coração,
prova-me e conhece os meus pensamentos;
vê se há em mim algum caminho mau
e guia-me pelo caminho eterno.

Salmos 139:1-24

Você foi criada da maneira certa

Salmo 139:13,14

*Pois tu formaste o meu interior,
tu me teceste no seio de minha mãe.
Graças te dou, visto que por modo
assombrosamente maravilhoso me formaste;
as tuas obras são admiráveis,
e a minha alma o sabe muito bem.*

Eu sempre fui magra. Tão magra que as outras crianças diziam que eu tinha pernas como palitos. Os adultos me olhavam de modo estranho, abanavam a cabeça, sentiam-se no direito de perguntar à minha mãe se ela havia me alimentado. Mais de uma pessoa envolveu seus dedos ao redor do meu pulso magro e disse que ainda assim poderia estalar os dedos.

Isso não era considerado *bullying* naquela época, porque, é claro, nos anos 70 e 80, época da minha infância — antes que todas as modelos e atrizes mostrassem a clavícula projetando-se entre as finas alças de suas roupas — isto era comum. Então, zombar mim, suponho eu, era como um elogio.

Claro, que eu não o via dessa forma. Machucava muito. Fazia com que sentisse como se eu tivesse sido feita da forma errada.

Até que um dia — quando eu tinha mais ou menos 10 anos — li um artigo de revista que afirmava que não importa a quantidade de manteiga que você passe no pão, ou a quantidade de leite que você coloque no seu cereal, as crianças naturalmente magras provavelmente não vão ganhar peso. É algo metabólico. Lembro-me de ler na matéria: Elas foram feitas desse jeito.

Quando minha mãe, que havia se iludido com as sugestões do meu pediatra para acrescentar mais vitaminas e mais manteiga às minhas refeições leu essa matéria, disse: "É exatamente o que eu penso, você foi criada da maneira certa!" Não consigo imaginar melhores palavras para uma mãe dizer à sua filha. Naquele momento, ela me deu a garantia de que não importava o que dissessem ou pensassem sobre minha magreza, porque eu fora criada da forma certa.

Isso reflete exatamente o que Deus diz sobre nós no Salmo 139. O versículo diz que Deus nos "teceu". A trama é um processo complexo. Exigindo um plano e intenção. Cada parte é feita propositalmente, com um objetivo em mente.

O salmo diz que Deus, nos fez "de modo assombrosamente maravilhoso". As palavras deste versículo em hebraico querem dizer que Deus nos fez com interesse sincero e com exclusividade. Isso não é grandioso?

Isso significa que a minha magreza não é um defeito. E de alguma forma é útil. O mesmo acontece com as outras "coisas" estranhas que eu achava em mim mesma. Ainda que eu não seja perfeita e tenha muitas áreas para crescer, o modo como Deus me fez — com o corpo que me deu, os meus talentos, a minha personalidade, os meu interesses — são todos intencionais. Sem defeitos. Não importa o que digam.

Fui criada do jeito que era para eu ser. E você também. Tudo isso faz parte dos planos de Deus. Você e eu fomos simplesmente criadas da forma certa.

Oração

Obrigada Senhor por me criar. Sinto-me agradecida por saber que tu dedicaste o teu tempo para me formar, para imaginar quem eu seria e o que eu faria com os dons que estava tecendo em meu ser. Sinto-me humilde e maravilhada por ser obra de Tua própria criação e feliz de saber que tu me fazes realizar coisas grandiosas.

O que Deus diz? Leia Efésios 2:10.

Você possui dons

Salmo 57:7,8

Firme está o meu coração,
ó Deus, o meu coração está firme;
cantarei e entoarei louvores.
Desperta, ó minha alma! Despertai, lira e harpa!
Quero acordar a alva.

Eu acordo cedo. E não é mais porque seja obrigada. Não é porque um bebê esteja chorando ou agitado, nem porque meu filho pequeno esteja puxando meus cobertores, pedindo para assistir desenho e querendo café da manhã, tampouco porque o cachorro esteja pedindo para ser levado para passear.

Acordo cedo para fazer algo que jamais imaginei que conseguiria fazer: aproveitar um "tempo de silêncio". Então, às 5h30, todas as manhãs, levanto, pego minha Bíblia e meu *laptop* do escritório, ligo a cafeteira e me enrolo na manta que está sobre sofá da sala. Abro minha Bíblia (no momento estou lendo Atos). Leio alguns versículos e então fecho os olhos, deixando que as palavras falem à minha mente, meu coração e minha alma. Então oro — ultimamente, o Pai Nosso.

Até lá, a cafeteira passou o café. Assim, depois de me desenrolar da manta e pegar uma xícara, puxo minha Bíblia e abro meu *laptop*. Leio meus *emails* e o *Facebook* antes de abrir um arquivo, de um projeto que precisa ser trabalhado.

Para alguns pode parecer que meu momento de louvor acaba quando abro meu *laptop*. No entanto, para mim é o contrário. Meu tempo de ler a Bíblia, refletir em silêncio e oração, é doce. Não questiono isso. Mas meu "tempo em silêncio" de escrita, de trabalho é igualmente doce.

Algumas vezes me "sinto" bem pequena quando leio a Palavra de Deus; nada "salta" da página, e as palavras aparentemente não falam à minha alma. Outras vezes, orar o Pai Nosso (ou qualquer outra oração), me leva a uma comunhão íntima com o Senhor — parece um canal direto de comunicação entre Deus e eu — outras ainda, parece que estou falando comigo mesma.

Mas quando escrevo, quando as palavras fluem e as ideias surgem (ou quando elas não surgem e eu escrevo por escrever), sempre sinto a presença de Deus. Quando escrevo, eu louvo. Eu sei que Ele está próximo.

No filme *Carruagens de Fogo*, Eric Liddell — o corredor olímpico que era cristão e se recusou a correr no sábado — disse: "Deus me fez rápido. E quando corro, sinto que Deus tem prazer nisso."

Se Liddell realmente disse essas palavras, ou se foi o roteirista do filme, não importa. De qualquer maneira, elas expressam a verdade.

O Senhor criou cada um de nós com dons, habilidades e talentos — que foram dados para serem usados. Da mesma maneira como nos alegramos ao vermos nossos filhos tendo prazer ao brincar com um presente que lhes demos, também Deus se alegra em nos ver usando nossos dons. Não importa quais sejam.

Gosto que nessa passagem, Davi acorda pronto para fazer música (certamente um dos seus dons). Agrada-me que esta é sua forma de "acordar a alva", inaugurar o dia. É lindo como usa os talentos que Deus lhe deu, para agradecer, para louvá-lo.

Ele sabe que Deus sorri quando usamos aquilo que nos foi dado. Usar nossos dons — quer seja como escritora, corredora, confeiteira, advogada, dona de casa, mãe, contadora, jardineira, professora etc — é uma forma de adoração e ação de graças. Não percamos a oportunidade de adorar e sentir o prazer de Deus enquanto usamos nossos dons.

Conhecida e amada

Oração

Senhor, tu me criaste com dons que me foram dados para serem usados — e não enterrados. Usarei esses dons, compartilharei esses talentos com o mundo, da melhor maneira possível. Isso traz glória a ti.

O que Deus diz? Leia Romanos 12.

Você é conhecida

Salmo 139: 1-3

Senhor, tu me sondas e me conheces.
Sabes quando me assento e quando me levanto;
de longe penetras os meus pensamentos.
Esquadrinhas o meu andar e o meu deitar
e conheces todos os meus caminhos.

As mães têm a tendência de ser um grupo dispensável. Quero dizer, quantas vezes você já falou para alguém que é mãe e eles responderam dizendo: "Sério? Fascinante! Fale mais sobre isso." Vou tentar adivinhar: nunca.

Quando as pessoas ouvem que somos mães, elas começam a perguntar sobre nossos filhos. E pelo fato de nós os amarmos, alegremente começamos a falar sobre eles. Isso tudo parece muito bom e legal por um tempo, mas pode levar a algumas consequências devastadoras.

Passo boa parte do tempo como mãe me sentindo não somente como se ninguém realmente me conhecesse, mas também como se eu não fosse merecedora de ser conhecida.

Porém, isto não é verdade. Deus nos conhece. E Ele acha que merecemos ser conhecidas.

Considere estas famosas palavras do Salmo 139: "Sabes quando me assento e quando me levanto […] Esquadrinhas o meu andar e o meu deitar." Deus sabe isso sobre nós! Sabe quando nos sentamos (quer dizer: nunca!). Sabe quando nos levantamos (quer dizer: cerca de quatrocentas vezes por noite). Sabe quando andamos (quer dizer: não o suficiente). E quando nos deitamos (quer dizer: desmaiamos na cama).

Mas, sério, de quantas pessoas você conhece os hábitos de sentar e deitar? Posso falar sobre quando meu esposo e meus filhos se sentam e se deitam. Se meus pais e meu irmão mantêm a mesma rotina de quando eu era criança, também posso supor quando eles os fazem. Estes são detalhes íntimos e pessoais para se saber. Coisas que você só presta atenção se estiver muito interessada e se for realmente louca pela pessoa. É assim que Deus se sente em relação a nós. Somos dignas de sermos conhecidas. E somos conhecidas, por Deus. Como isso é maravilhoso!

Então, mesmo que o mundo possa não achar as mães sempre fascinantes, Deus nos acha. E mesmo que nem todos saibam como nossos dias são loucos ou chatos, ou algo intermediário entre isso, Deus sabe. E mesmo que nem todos saibam dos nossos mais profundos anseios, das coisas que sentimos falta da nossa vida "antiga", nossas esperanças e sonhos, nossas preocupações, nossas frustações, nossas derrotas e nossas vitórias, Deus sabe. Com todas as coisas maravilhosas e interessantes acontecendo no universo, Deus nos acha fascinantes.

Oração

Deus, obrigada por observar quando eu acordo de noite, quando eu estou desesperada por descanso e por uma chance de me sentar. Obrigada por notar quando luto para conseguir apenas alguns momentos sozinha. Que conforto saber que, mesmo quando ninguém parece me notar ou notar o que eu faço, O Senhor me procura e me conhece.

O que Deus diz? Leia o Salmo 139.

Você recebeu anseios únicos

Salmo 37:4

Agrada-te do SENHOR,
e ele satisfará os desejos do teu coração.

Eu sei que não sou a única pessoa que leu o Salmo 37:4 e imaginou se ele tem menos a ver com Deus me dar aquilo que meu coração deseja e mais sobre Ele colocar desejos no meu coração. Mas não importa, porque a descoberta foi profunda em minha vida. Especialmente para uma mãe que questionava se os seus desejos poderiam algum dia ser realizados enquanto a vida a mantinha ocupada com três crianças pequenas.

Tenho quase certeza de que todas nós já tivemos aqueles dias em que nosso coração poderia explodir com o desejo de pôr em práticas nossos dons, de, por somente um dia, nos satisfazer com algo com que realmente nos importamos e que teria pouco a ver com nossos filhos. Tenho quase certeza de que a maioria de nós já sentiu que havia sonhos e desejos não realizados na vida, e que tivemos dúvida se algum dia eles seriam concretizados.

É por isso que ler este versículo novamente foi tão poderoso para mim. O dia em que eu o reli estava nessa situação, convicta de que meus desejos na vida não valiam nada, eram um erro. Não conseguia me imaginar sendo capaz de realizar as coisas que ansiava fazer. Estava pronta para jogar aqueles sonhos e desejos no lixo.

Até que li este versículo e, creio, o Espírito Santo colocou este significado para mim — para todas nós, que estamos enterradas em

necessidades mais urgentes na vida (leia-se: filhos!) e que começamos a acreditar que Deus cometeu um erro conosco.

Quando cremos que o próprio Deus colocou desejos em nossos corações, tudo muda. Lembre-se também das palavras simples, mas verdadeiras, que falamos para os outros: "Deus não erra." Este versículo é tão encorajador para as mães que se sentem perdidas, aprisionadas e desvalorizadas e para aquelas que sentem que precisam desistir de todos os sonhos e desejos insignificantes.

De jeito nenhum. Se — conforme este versículo — nos agradarmos do Senhor, se o seguirmos, buscarmos, escolhermos, Ele nos incentivará a perseguir esses desejos. E Deus não comete erros. Ele irá proporcionar os meios e o momento para que eles se tornem realidade.

Oração

Deus, obrigada por me convidar à Tua presença, me acolhendo enquanto me volto para ti com meus sonhos e anseios. Por favor, me mostre como usar estes anseios do meu coração neste mundo, para a Tua glória.

O que Deus diz? Leia Mateus 7:7,8.

Parte 2

Você é guardada por Deus

Salmo de Davi quando fugia de Absalão, seu filho

Senhor, como tem crescido o número dos meus adversários!
São numerosos os que se levantam contra mim.
São muitos os que dizem de mim:
Não há em Deus salvação para ele.

Porém tu, Senhor, és o meu escudo,
és a minha glória e o que exaltas a minha cabeça.
Com a minha voz clamo ao Senhor,
e ele do seu santo monte me responde.
Deito-me e pego no sono; acordo,
porque o Senhor me sustenta.
Não tenho medo de milhares do povo
que tomam posição contra mim de todos os lados.

Levanta-te, Senhor! Salva-me, Deus meu,
pois feres nos queixos a todos os meus inimigos
e aos ímpios quebras os dentes.
Do Senhor é a salvação, e sobre o teu povo, a tua bênção.

Salmo 3

Você é guardada por Deus

Salmo 34:18

Perto está o SENHOR dos que têm o coração quebrantado e salva os de espírito oprimido.

A primeira vez que sublinhei as singelas e amorosas palavras do Salmo 34:18 foi durante meu segundo ano no Ensino Médio. Aquele verão foi um dos melhores de minha vida. Fiz 16 anos, tirei minha carteira de habilitação [Nota de tradução: Nos Estados Unidos é permitido tirar a carteira de habilitação aos 16 anos] e tinha um carro! Mas essa época não passou sem suas provas — do tipo, angústia adolescente. No final das contas, foi o verão em que descobri a dor do amor. Ou mais especificamente, a dor do coração partido. Foi a primeira, mas não a última vez, em que me apaixonei por um garoto, que infelizmente, gostava de minha amiga.

Apesar de muitas recordações do meu coração partido aos dezesseis anos me parecerem tolas e certamente dramáticas demais para mim atualmente, quando relembro aquela época — enquanto leio essa passagem em minha cama com a Bíblia sobre minhas pernas cruzadas, e estendo a mão para alcançar minha caneta no criado-mudo — percebo que não havia nada de tolo nisso tudo. Afinal, naquela leitura do Salmo 34, eu descobrira algo espantoso. Não há tolice alguma em descobrir que Deus se importa com nosso coração quebrantado, com nosso espírito contrito. Que Ele se importa com aquela dor que talvez nos constranja ao compartilhar com outros, porque ela nos causa vergonha. Nem é tolice perceber que Deus não somente se importa com nosso coração quebrantado, mas se aproxima de nós em meio ao quebrantamento. E que Ele não apenas se importa com nossos espíritos contritos, mas trabalha para nos curar.

Nada há de tolo em descobrir o que versículo nos diz: que Deus é o Deus que vê nosso coração contrito, que vê nosso espírito passando por lutas pesadas nesta vida, e nestes momentos, nestes instantes, Deus nos segura firmemente, junto a Ele.

Minha vida teve mais corações partidos e mais circunstâncias que me levaram a um espírito contrito do que gostaria. Por causa disto, voltei a esta passagem, relendo-a muitas vezes, mais do que posso contar. E isto permaneceu comigo, me confortou durante minha infertilidade, em velórios, em relacionamentos problemáticos, durante finanças complicadas. Durante minhas leituras destas palavras, nunca deixei de me maravilhar com o que Deus fez durante esses períodos.

Como mães, corações partidos e espíritos contritos vêm junto com nossa missão; cedo ou tarde, nossas crianças ou as circunstâncias que as envolvem irão partir nossos corações e esmagar nossos espíritos. É difícil passar por provas que nos fazem sentir o coração apertado e partido, mas saber que Deus está perto de nós — nos livrando — nestes momentos, pode ser maravilhoso.

Oração

Meu coração está partido Deus, de muitas maneiras. Então trago isto a ti como uma oferta e peço que enquanto o Senhor trabalha para curar meu coração, também me ajude a enxergar todos os corações partidos ao meu redor.

O que Deus diz? Leia o Salmo 51.

Conhecida e amada

Você é apoiada

Salmo 94:18,19

*Quando eu digo: resvala-me o pé,
a tua benignidade, Senhor, me sustém.
Nos muitos cuidados que dentro de mim se multiplicam,
as tuas consolações me alegram a alma.*

Já não falava com minha amiga Jeanie desde que seu terceiro filho nascera há alguns meses. Tivemos algumas conversas rápidas, mas não tínhamos conversado profundamente. Como cada uma tinha três crianças pequenas, isto era um luxo ao qual não podíamos nos permitir. Assim, ver que o identificador de chamadas mostrava o seu número e ouvi-la dizendo que as crianças estavam dormindo, me soou como ótimas notícias. Meus filhos estavam envolvidos com atividades após o horário de aula, então poderíamos aproveitar.

Depois de conversarmos um pouco, logo todo o assunto se direcionou para a complexidade que é administrar três filhos. Falei-lhe que uma amiga certa vez me disse que se você tem três, qualquer outra soma é moleza. Era esta quantidade de filhos que transformava a família um caos.

Jeanie — que tinha cinco irmãos — disse que a mãe dela provavelmente concordaria com isto. Mas pude sentir a ansiedade em sua voz — mesmo a milhares de quilômetros. Ela me contou como ponderava sobre a decisão de sair de casa com os três. Leva tanto tempo, dá tanto trabalho. Especialmente agora que o inverno tinha chegado. Contou-me sobre suas orações pedindo paciência. Alguns dias, isso era tudo o que podia fazer para suportar a carga.

Sabia exatamente como ela se sentia. A vida com duas crianças pequenas e um recém-nascido me fazia sentir como se meus pés estivessem sempre vacilando, como descreve o salmista. Parecia que nunca tinha o controle. Meu grau de ansiedade estava sempre alto. E senti que o mesmo acontecia com Jeanie.

Quando li as palavras do Salmo 94:18,19, imaginei o salmista andando na beirada de um desfiladeiro numa montanha, ou numa curva à beira do abismo. Talvez carregue algo consigo: armas ou uma vara, ou ainda comida enrolada num pedaço de pano. Imagino seus pés derrapando, tropeçando em pedras que caem rolando pelo abismo. E me vejo ali também, neste lugar onde há tanto a temer. Tecnicamente estou segura pelo caminho, mas um passo em falso pode me fazer despencar, como aquelas pedras.

A maternidade me faz sentir assim frequentemente. Em um momento, estamos bem. Nossos filhos estão bem. Ainda temos sanidade. Mas — uau — tem alguns dias em que nos sentimos à beira do abismo, escorregando para fora do caminho, não é assim? É aí que vem a ansiedade.

Mas o versículo diz que Deus está ali, e o Senhor com Seu amor "infalível" nos sustenta. Então mesmo que tenhamos que caminhar em estradas angustiantes como mães e mulheres, mesmo que o penhasco à nossa direita pareça muito íngreme, o amor de Deus é mais intenso e profundo e este amor verdadeiramente nos rodeia e sustenta. Não há nenhum lugar nesta vida ou neste mundo onde possamos cair, em que Deus — e Seu maravilhoso amor— não esteja pronto para nos amparar.

Oração

Deus, algumas vezes me sinto dentro do fogo ou na correnteza da vida, isto é demais para mim. Depois percebo algo que muda tudo: tu estás comigo. Obrigada por nunca me deixares de lado. Por favor, continua me fazendo saber que estás por perto, e

continua a me sustentar quando eu estiver amedrontada pelas dificuldades desta vida.

O que Deus diz? Leia Isaías 43.

Você é sustentada

Salmo 3:5

Deito-me e pego no sono;
acordo, porque o SENHOR me sustenta.

Eu gostaria de que toda vez que pensasse em maternidade outra palavra viesse à minha mente. Algo como "amada" ou "realizada" ou "abençoada". Mas sabe o que me vem à mente quando penso em minha vida como mãe? Cansaço. Talvez, até mesmo exaustão.

Depois de expulsar esses pensamentos, e somente depois disso, é que volto minha mente a todos os aspectos maravilhosos de ser mãe.

Porém, a parte cansativa é muito essencial e entrelaçada à minha experiência de maternidade. Apesar de já fazer uma década que enfrentei minhas primeiras noites mal dormidas como mãe. Mesmo que meu caçula já esteja dormindo a noite toda há algum tempo. Ainda assim me encontro tão cansada quando me deito a noite — depois de as crianças já terem adormecido, de a cozinha está minimamente arrumada, que é quando meu trabalho está praticamente terminado — que eu me questiono se conseguirei acordar novamente. Não porque irei morrer, veja bem, mas porque imagino que poderia dormir para sempre e ainda assim não alcançar todo o descanso que preciso.

E mesmo assim, de alguma maneira, após sete ou oito horas em que minha cabeça repousou sobre o travesseiro, o despertador no meu celular dispara. Esforço-me para alcançá-lo. Dez minutos mais tarde, dispara novamente. Neste momento, eu o desligo, balançando minhas pernas para o lado da cama, e me espreguiço. Espanto-me por ter

energia para levantar, para encarar o dia e todos os elementos desgastantes e maravilhosos que ele traz consigo.

Fico grata por essa energia. Lembro-me claramente de todas as noites em que fiquei acordada por várias horas — amamentando, amamentando, trocando fraldas, amamentando. Recordo-me de quando não precisava de um despertador, pois meus bebês sabiam como me fazer levantar.

Mesmo que minhas manhãs e noites, sejam diferentes (leia-se: melhores!) agora que minhas crianças não são mais bebês e que não tenha mais períodos insones, uma verdade permanece: a maternidade me deixa exausta.

Mas Deus me sustenta. Ele a sustenta também. É justamente isso que amo no Salmo 3:5. Davi escreveu este texto enquanto fugia de seu filho; quando temia por sua vida. Acordar significava que tinha sobrevivido à outra noite. Porque Deus o sustentava.

No dicionário *Houaiss* (2009) há 11 definições para a palavra *sustentar*. Entre elas estão: 1. Evitar a queda, manter o equilíbrio de; suster(-se), apoiar(-se); 2. manter a resistência a; resistir, aguentar(-se); 3. dar ou receber alimentação; alimentar(-se), nutrir(-se); 4. dar ou obter os recursos necessários à sobrevivência ou à manutenção; manter(-se), conservar(-se); 5. garantir e fornecer os meios necessários para a realização e continuação de (uma atividade); e 6. impedir a ruína de; auxiliar, proteger, socorrer.

Imagine Deus fazendo tudo isto por você, em seus momentos mais cansativos, mais esgotantes, mais depressivos. Imagine-o dando-lhe suporte e alívio. Nutrindo você. Guardando-a. Amparando-a. Carregando-a. Suportando todo o peso que está sobre seus ombros.

Até mesmo nos momentos mais cansativos, nos levantamos novamente, estamos guardadas, sustentadas e amparadas por Deus.

Oração

Deus, estou tão cansada, tão esgotada. Há alguns dias em que fico convencida de que não terei a energia necessária para continuar. Por favor, seja minha força, Senhor. Seja meu sustento para que eu possa fazer o que é necessário.

O que Deus diz? Leia Habacuque 3.

Conhecida e amada

Você é ouvida

Salmo 6:6-9

*Estou cansado de tanto gemer;
todas as noites faço nadar o meu leito,
de minhas lágrimas o alago.
Meus olhos, de mágoa, se acham amortecidos,
envelhecem por causa de todos os meus adversários.
Apartai-vos de mim, todos os que praticais a iniquidade,
porque o* Senhor *ouviu a voz do meu lamento;
o* Senhor *ouviu a minha súplica;
o* Senhor *acolhe a minha oração.*

Passei a acreditar que ser mãe é se acostumar a não ser ouvida. Quer seja quando chamam a família para a mesa ou fazem uma pergunta à criança que assiste um desenho, as mães se acostumam a ser ignoradas e a imaginar se estão realmente dizendo algo que importe. Sei que muitas vezes em que gritei com meus filhos foi fruto da frustração de não ser ouvida.

E este sentimento de "não ser ouvida" se estende para além das paredes de nossas casas. Minhas amigas que são mães e eu conversamos inúmeras vezes sobre como parece que, desde que nos tornamos mães, parte da "crise de identidade" que enfrentamos estava ligada à sensação de que ninguém nos ouvia — ou se importava — com o que dizíamos. Muito frequentemente, parece que poucas pessoas estão interessadas em ouvir o que as mães têm a dizer, a menos que seja sobre nossa marca preferida de manteiga ou de sabão em pó.

Este sentimento é terrível. Ele nos faz até questionar se merecemos ser ouvidas, se o que temos a dizer realmente importa.

Minha amiga Maria se convenceu de que o que dizia não era importante. Com a balbúrdia da vida familiar e os clamores do mundo, a voz dela sempre ficava abafada. E ninguém sentiria falta de sua voz. Imaginava que enquanto estivesse por perto para fazer o café da manhã, o almoço, e jantar, e disponível para abraçar seus filhos quando eles chorassem, para limpar a casa, e dar conta do trabalho no berçário da igreja, nada do que ela dissesse realmente importava.

Quando o médico a diagnosticou com depressão e a orientou a fazer terapia, esta "falta de voz" foi a primeira coisa que Maria contou ao terapeuta. Não ser ouvida tem severas consequências.

Mas aqui está a espantosa realidade: mesmo que nossas crianças possam nos ignorar e que o mundo talvez não nos ouça tanto quanto desejaríamos, o Senhor nos ouve. O Deus Altíssimo ouve cada palavra nossa. E quer sejam nossas queixas e clamores por auxílio, como escreve o salmista, ou nossa fala incoerente sobre nosso dia a dia, Ele se importa com o que temos a dizer. O Senhor "acolhe" nossas orações, como diz o Salmo 6:9. Surpreendente acolhimento da nossa contrição.

De fato, foi esta passagem que veio ao encontro de minha amiga Maria. O terapeuta dela — que é cristão — lhe deu, para reflexão, algumas passagens que falam sobre Deus ouvir Seu povo. O Salmo 6:6 lhe falou diretamente pelo fato de ela estar desesperada quando se achegou ao Senhor. Ouvir que Deus não apenas ouvia seu lamento mas aceitava o que quer que tivesse a dizer, mudou toda sua atitude.

Mesmo que isto não tenha curado sua depressão, ajudou Maria a entender que Deus a ouve e aceita o que ela tiver para dizer, e assim deveriam fazer os outros. Ela ficou mais confiante para se expressar — parou de falar baixinho e passou a falar com segurança — presumindo que os outros iriam ouvir o que ela tinha a dizer. E isto fez enorme diferença.

Conhecida e amada

Oração

Deus, obrigada por me ouvir quando clamo a ti. E obrigada por não somente escutar minhas orações e ações de graça, mas por me ouvir quando estou chorosa, frustrada ou brava.
Ajude-me a te ouvir.

O que Deus nos diz? Leia o Salmo 40:1.

Você é protegida

Salmo 31:1-3

*Em ti, Senhor, me refugio; não seja eu jamais envergonhado;
livra-me por tua justiça.
Inclina-me os ouvidos, livra-me depressa;
sê o meu castelo forte, cidadela fortíssima que me salve.
Porque tu és a minha rocha e a minha fortaleza;
por causa do teu nome,
tu me conduzirás e me guiarás.*

Fui preparada para muitas emoções que poderia sentir como mãe de primeira viagem. Estava preparada para a força desse amor quando chegasse, forte como minha mãe me avisara que seria, e ele chegou alguns dias depois. Estava preparada para que meu instinto materno entrasse em ação, apesar de nunca ter sido maternal. Estava pronta para a abnegação, apesar de sempre ter sido um pouco egoísta.

Mas não estava preparada para o feroz senso de proteção que senti por meu filho, apesar de ter sido sempre uma pessoa realmente protetora e leal. Não esperava o sentimento de "mamãe urso" que sentiria toda vez que alguém representasse ameaça para meu filho. Também não estava pronta para tantas ameaças potenciais que poderiam cercar minha família. Embora eu conseguisse proteger meu bebê de algumas dessas ameaças (poderia providenciar aparelhos que trouxesse segurança ao meu filho, trancar as portas, trocar as baterias dos detectores de fumaça, usar assentos nos carros, coletes salva-vidas, e daí em diante), não estava preparada para a quantidade de ameaças sobre os quais eu teria pouco ou nenhum controle.

Conhecida e amada

Na verdade, é fácil ficar sobrecarregada com tantos perigos que nos espreitam neste mundo, perigos dos quais não podemos proteger nossas crianças. E é fácil para nós, "mamães-ursas" nos preocuparmos com o pouco controle que de fato temos.

O que aprendi, no entanto, é que o jeito que Deus nos capacita a protegermos nossas crianças — vigilante e incansavelmente — é outra forma de espelharmos o Senhor. Mesmo que nunca sejamos capazes de proteger nossos filhos de forma perfeita, Deus será sempre nosso protetor.

É claro que isso não significa que, neste mundo decaído, nós — ou nossas crianças — nunca sofreremos danos. Não quer dizer que não teremos que passar por períodos assustadores, ou que não teremos que enfrentar tempos de incerteza e insegurança. Em João 16:33, o próprio Jesus nos diz que no mundo teremos aflições. É fato.

Então, não é porque Deus é nossa proteção, que nunca sofreremos danos. Mas, o que isso quer dizer é o que Jesus nos falou, logo após afirmar que teremos problemas: Ele venceu o mundo. Esta é a verdade que o salmista reconhece nesta passagem. Quando os tempos difíceis vierem sobre nós, quando formos feridas, podemos nos refugiar no único que venceu tudo isso.

Oração

Deus, mesmo que eu não entenda porque tu permites que tantas coisas assustadoras aconteçam neste mundo, e mesmo que deseje que simplesmente destruas todos esses monstros, eu me agarro à verdade de que me proteges com Tua mão poderosa.
E estou segura sob Teu domínio.

O que Deus diz? Leia João 10:27-29.

Parte 3

Você é parte da história de Deus

Aleluia! Louvai ao Senhor *do alto dos céus,*
louvai-o nas alturas.
Louvai-o, todos os seus anjos; louvai-o,
todas as suas legiões celestes.
Louvai-o, sol e lua; louvai-o, todas as estrelas luzentes.
Louvai-o, céus dos céus e as águas que estão acima do firmamento.

Louvem o nome do Senhor, *pois mandou ele, e foram criados.*
E os estabeleceu para todo o sempre;
fixou-lhes uma ordem que não passará.

Louvai ao Senhor *da terra,*
monstros marinhos e abismos todos;
fogo e saraiva, neve e vapor
montes e todos os outeiros, árvores frutíferas e todos os cedros;
feras e gados, répteis e voláteis;
reis da terra e todos os povos, príncipes e todos os juízes da terra;
rapazes e donzelas, velhos e crianças.

Louvem o nome do Senhor, *porque só o seu nome é excelso;*
a sua majestade é acima da terra e do céu.

Conhecida e amada

Ele exalta o poder do seu povo,
o louvor de todos os seus santos, dos filhos de Israel,
povo que lhe é chegado. Aleluia!

SALMO 148

Você é uma contadora de histórias

Salmo 71:15

Anunciarei que tu és fiel;
o dia inteiro falarei da tua salvação,
embora não seja capaz de entendê-la. (NTLH)

Quanto eu era pequena, minha mãe me contava histórias sobre sua infância angustiante. Eu amava ouvi-la me contar sobre quando o gato correu para debaixo de sua cama e voltou com uma ratazana de rio enorme entre suas mandíbulas. Gostava também de ouvir sobre como o rio lamacento que corria atrás de sua casa inundava, e de como as cobras deslizavam sobre os pinheiros e se penduravam em seus galhos.

Minhas histórias preferidas eram as piores memórias de minha mãe. Por mais que pareça horrível, amava estas histórias porque elas eram emocionantes e me mostravam um mundo que não conhecia (e uma vida totalmente diferente da qual eu vivia). Também nestes relatos minha mãe era uma heroína genuína: uma sobrevivente que teve uma ratazana de rio debaixo de sua cama, e que viveu para contar sobre as cobras penduradas nas árvores.

Para mim, estas duas histórias em particular revelavam muito sobre quem minha mãe era e quem ela se tornou. Eu a conhecia melhor por suas histórias.

Ouvir as histórias uns dos outros faz com que tenhamos vislumbres de mundos novos e diferentes e trazem visões profundas de quem somos nós.

Conhecida e amada

Ainda que histórias sobre ratos debaixo da cama ou cobras em árvores não tenham um significado teológico profundo — e da mesma maneira que o salmista, minha mãe não sabia exatamente como relacioná-las a uma menina tão nova — eu aprendi com os relatos de minha mãe o que significava enfrentar seus medos, sobre como Deus está conosco, mesmo nos momentos mais assustadores. E como Ele pode nos dar coragem para enfrentar circunstâncias que pareçam além de nosso controle.

Aprendi, também como o Senhor pode reparar circunstâncias terríveis. Minha mãe não precisava pronunciar o nome de Deus para que eu reconhecesse que Ele havia feito algo maravilhoso em sua vida, transformando situações assustadoras que ela tinha vivido e mudando-as em histórias que a faziam rir enquanto as contava — e exagerava — tudo para o deleite de sua garotinha.

Podemos ver Deus em nossas histórias. É por isso que somos chamadas a ser contadoras de histórias. Para relatar a outros as histórias de nossas vidas — sobre o que enfrentamos e sobrevivemos, sobre áreas em que falhamos e vencemos, e sobre tempos em que questionamos e duvidamos. Porque em todas estas histórias, os outros podem ver o que Deus fez por nós. E nós também podemos ver o mesmo.

Oração

Obrigada, Senhor, por trabalhar tanto em minha vida. E obrigada por todas as histórias que me deste para contar — pelas maneiras como intervieste, que revelaste Tua bondade e Teu poder para curar. Ajuda-me a compartilhar estas histórias com audácia para o mundo que precisa ouvi-las.

O que Deus diz? Leia Salmo 111.

Você é um canal de fidelidade

Salmo 100:5

*Porque o SENHOR é bom,
a sua misericórdia dura para sempre,
e, de geração em geração, a sua fidelidade.*

O Salmo 100:5 foi o versículo tema na celebração dos 100 anos de educação cristã da escola de meus filhos. O Senhor é bom — e tem sido bom para esta escola. Sua mão amorosa está sobre a escola e seus alunos, professores, funcionários e pais. E Sua fidelidade pode ser vista nas gerações de crianças que tem frequentado esta instituição.

Escrevi a história da escola e de sua comunidade para a revista de ex-alunos, como parte desta celebração. Gastei horas examinando os arquivos escolares, recortes de jornais e fotos — desde a primeira formatura, dos primeiros alunos entre 1940 a 1950, dos mais desgrenhados estudantes entre 1960 e 1970, até as garotas de franja enorme da minha própria época nos anos 80.

Gargalhei e sorri, várias vezes, com muitas dessas fotos e histórias durante meu trabalho. Eu esperava por isto. O que eu não esperava era a emoção que brotaria em mim e traria lágrimas aos meus olhos. Em tudo que vi e li — desde 1911 até 2011— a fidelidade de Deus era o que sobressaía. Não porque o que lia ou as fotos que via fossem perfeitas, ou porque as vidas que elas representavam tinham sido vividas sem dificuldade, mas estas relíquias do passado testificavam da presença de Deus e de Seu amor eterno por Seu povo no decorrer dos anos.

Conhecida e amada

Isto já aconteceu com você enquanto via um antigo álbum de família ou lia o diário daqueles que já se foram? Talvez já tenha sido impactada pelas evidências da fidelidade de Deus em sua própria família?

Sei que até mesmo com meus ancestrais que não tinham conhecimento de Deus ou não eram particularmente "ligados" a Jesus, consigo discernir a presença de Deus atuando na história de minha família. E eu amo isto. Amo saber que Ele está entrelaçado na vida de cada um de meus familiares, quer eles reconheçam ou não. Deus tem sido fiel à minha família por todas as gerações — em tempos bons ou ruins, em nascimentos ou mortes, em momentos de doenças ou de curas. O Senhor é bom, amoroso e fiel.

Ser "canal" da fidelidade é uma das funções mais emocionantes que temos como mães. Temos que transmitir para as outras gerações as histórias que ouvimos enquanto crescíamos e as histórias que vivemos e ilustram a fidelidade de Deus em nossas famílias.

É exatamente isto que a Bíblia nos oferece — um vislumbre da mão de Deus no decorrer da história humana. E quando passamos adiante nossas histórias e as histórias bíblicas para as próximas gerações, a saga continua.

Oração

Deus, obrigada por Tua maravilhosa fidelidade para comigo e com minha família. Obrigada por teres sido fiel a nós, mesmo quando não éramos fiéis a ti. Por mostrares sinais de Tua bondade todos os dias. Ajuda-me a transmitir estas histórias para meus filhos e então as futuras gerações saberão que Teu amor não falha.

O que Deus diz? Leia Lamentações 3.

Você é uma voz no coro

Salmo 148:7-12

Louvai ao Senhor da terra, monstros marinhos e abismos todos;
fogo e saraiva, neve e vapor e ventos procelosos
que lhe executam a palavra;
montes e todos os outeiros, árvores frutíferas e todos os cedros;
feras e gados, répteis e voláteis; reis da terra e todos os povos,
príncipes e todos os juízes da terra;
rapazes e donzelas, velhos e crianças.

Meus filhos gostam de observar as nuvens, mas não deitados na grama revigorante. Gostam de fazê-lo da mesa da sala de jantar. Muitas vezes nos dias de céu azul, em que há nuvens esparsas, eles gostam de olhar pela grande vidraça deste cômodo e dizer em alta voz as formas que identificam.

Começam com algumas coisas comuns: coelhos, cães de orelhas caídas, cabeças de palhaço. Em seguida a imaginação fica mais vívida e veem imagens engraçadas de penicos no céu. Foi quando isto aconteceu na semana passada que tentei elevar o nível da conversa fazendo uma pergunta estranha: "Vocês nunca pensam que talvez Deus esteja do outro lado do céu, também olhando o movimento das nuvens e imaginando formas?"

Isto parou com a graça por dois segundos. Eles deram de ombros, disseram "que legal" e voltaram a se provocar.

Contudo, este pensamento me levou a outro: aquelas nuvens, massas de gás branco flutuando pela atmosfera, louvam a Deus. E que, quando nós seres humanos cantamos, escrevemos ou fazemos nossas

Conhecida e amada

orações, a nossa voz é apenas uma das muitas, muitas vozes que sobem da terra para os céus.

Isto é impressionante — como nossas vozes podem ser abafadas pelos animais, relâmpagos, árvores e "ventos procelosos", como o salmista os chama. Mas naquele dia encontrei grande conforto em saber que eu era uma dessas vozes, que todas as criaturas e toda as criação de Deus o louvam. Cada um a sua maneira. Cada um usando o que tem, como uma oferta ao Senhor. As nuvens podem dar a Deus seus movimentos e suas formas. As criaturas do mar talvez ofereçam seus mergulhos e seu nado elegante. Leões podem oferecer seus rugidos; leopardos suas corridas. As árvores, suas alturas e seu movimento; tempestades, seus raios e trovões.

E nós? Podemos oferecer o que temos. Alguns dias mais que outros. Mas todos os dias podemos encontrar maneiras de oferecer a Deus nossas palavras, nosso mover, lágrimas, sorrisos. Toda nossa vida. Tudo isso complementando o belo coro que sobe aos céus.

Oração

Deus, alguns dias minha casa está tão barulhenta com os sons da vida familiar, que mal consigo ouvir meus próprios pensamentos. E mesmo, com todos os sons que sobem da Terra, tu ainda me ouves. Obrigada por ouvires minha voz individualmente, me deixando fazer parte desse grande e lindo coral de adoração.

O que Deus diz? Leia 1 Crônicas 16:30-34.

Você é uma artista preciosa

Salmo 68:24,25

*Viu-se, ó Deus, o teu cortejo, o cortejo do meu Deus,
do meu Rei, no santuário.
Os cantores iam adiante, atrás, os tocadores de instrumentos
de cordas, em meio às donzelas com adufes.*

Aos 12 anos, minha amiga e eu conversávamos longamente sobre como seria a vida se nos tornássemos cantoras. Seríamos — uma de nós questionou — cantoras solo ou estaríamos a frente de uma banda? Isto é, seríamos como a Madonna (uma estrela solitária) ou como as *Go-Go's* (membro de uma banda)?

Não vacilei em minha resposta: queria estar em uma banda. A carreira solo me parecia um fardo, uma vida solitária. Mesmo que não tivesse que dividir tanto os lucros.

Então, não surpreende que em minha vida como escritora (a carreira de cantora nunca foi para mim), tenho buscado fazer parte de uma "banda". Embora a maior parte das vezes meu nome apareça sozinha em assinaturas de artigos e capas de livros, sou parte de um conjunto de escritores.

De fato, quando uma amiga me mandou um *email*, há alguns anos, para saber se gostaria de iniciar um grupo de escritores com ela, agarrei a oportunidade — como se tivesse 12 anos novamente. Decidida em minha resposta, quis fazer parte da banda, uma jogadora importante em um grupo maior.

Já me questionei muito sobre essa parte de minha personalidade, que me faz desejar tanto a convivência em comunidade, e que me faz sentir tão desconfortável quando lá fora é "eu sozinha". Tenho certeza de que isto é parte da natureza humana — o desejo que todos nós temos de pertencer, de ser parte de algo maior que nós. Mesmo que tenhamos que fazer muita coisa na vida por nós mesmas.

Certamente é assim também na maternidade, e esta é a razão de muitas de nós amar ir ao grupo de MOPS. Talvez atuemos sozinhas quando se trata de sermos mães de nossos filhos, mas tenho certeza de que é bom saber que existe um grupo de mães amigas prontas a nos apoiar de tempos em tempos.

Creio que Deus nos fez assim. Fomos feitas para viver em comunidade, para fazer parte de algo maior do que nós mesmas.

Mas fazer parte da comunidade não significa que a pessoa que Deus fez com que fôssemos deve se perder no meio da multidão. Cada uma de nós tem uma função a desempenhar — somos valiosas! Essa comunidade a qual todas nós almejamos pertencer, deve ser o lugar que nos incentiva, nos encoraja e nos prepara para ir lá fora e enfrentar as multidões da vida — mesmo que tenhamos que fazê-lo sozinhas.

Oração

Deus, quero acreditar que posso fazer tudo do meu jeito, mas sei que não posso. Sei que ter uma vida dependente de ti e dos outros é a forma como o Senhor planejou que vivêssemos. Mas algumas vezes é difícil encontrar uma comunidade em quem confiar e encontrar apoio. Traz pessoas a minha vida que possam me dar suporte e que me ajudem a viver como o Senhor me fez — e a quem eu também possa ajudar. E ajuda-me a me livrar da atitude "posso fazer tudo" e reconhecer que somente o Senhor pode todas as coisas.

O que Deus diz? Leia Mateus 28:20.

Você é crucial no enredo

Salmo 86:16

Volta-te para mim e compadece-te de mim; concede a tua força ao teu servo e salva o filho da tua serva.

Leia o Antigo Testamento e você vai notar algo: os pais recebem muita glória. Mães? Nem tanto. A cultura dos judeus (como outras) nos tempos do Antigo Testamento era patriarcal, então isto faz sentido. Naquela época, os homens eram muito mais importantes do que as mulheres; os meninos muito mais do que as meninas.

Mas a verdade é que Deus nunca pensou que mulheres, mães, filhas ou irmãs fossem menos valiosas. As mulheres sempre desempenharam um papel de liderança na história do amor de Deus e redenção de Seu povo.

Vemos isto claramente quando Jesus entra em cena. Deus chama uma jovem para a tarefa mais maravilhosa da história da humanidade: ser a mãe do Filho unigênito de Deus. Vemos isto na maneira que Cristo interage com as mulheres durante Seu tempo aqui na Terra. Ele as incluía onde a sociedade as excluía. Vemos o que o coração de Deus tem para as mulheres quando Paulo declara que: "não pode haver judeu nem grego; nem escravo nem liberto; nem homem nem mulher; porque todos vós sois um em Cristo Jesus" (Gálatas 3:28).

Estas eram palavras chocantes numa sociedade polarizada. E ainda, mesmo nesse mundo, a influência de uma mãe sobre seu filho era entendida. Com certeza Davi entendia a ligação entre sua própria fé e a de sua mãe. No Salmo 86:16, ele clama a Deus que o salve, que tenha misericórdia dele não somente por seu serviço ao Senhor, mas por causa de sua mãe. Que testemunho! Nossa fé — nossa jornada com Deus — não é somente crucial para nossas vidas. É importante para toda a história de Deus e a nossa. A maneira como vivemos, amamos e vemos a Deus, até mesmo nos momentos mais obscuros, importa muito além de nós mesmas. Isto afeta nossos filhos, os filhos dos nossos filhos e todos quantos eles alcançarem.

Ainda lemos e nos agarramos a estas palavras, mesmo depois de milhares de anos de Davi tê-las escrito. Palavras provenientes de seu próprio desespero e que estão ligadas à influência de sua mãe. Ainda que não tenhamos tanta informação sobre a mãe deste rei do Antigo Testamento, ela tem função importante, é uma peça-chave da história de Davi, de Deus e da nossa.

Oração

Deus, algumas vezes ser mãe parece tão insignificante. Mas sei que vês esse papel de maneira diferente. Ajuda-me a ver como as mães são essenciais para o enredo da Tua história no meu dia a dia, nos aspectos mais importantes e nos momentos difíceis. Ajuda-me a ensinar aos meus filhos os princípios sobre o Senhor que ficarão para sempre em seus corações e que irão guiá-los em sua caminhada pela vida.

O que Deus diz? Leia Provérbios 6:20-22.

Parte 4

Você é uma obra em andamento

A ti, Senhor, elevo a minha alma.
Deus meu, em ti confio; não seja eu envergonhado,
nem exultem sobre mim os meus inimigos.
Com efeito, dos que em ti esperam, ninguém será envergonhado;
envergonhados serão os que, sem causa, procedem traiçoeiramente.

Faze-me, Senhor, conhecer os teus caminhos,
ensina-me as tuas veredas.
Guia-me na tua verdade e ensina-me,
pois tu és o Deus da minha salvação, em quem eu espero todo o dia.
Lembra-te, Senhor, das tuas misericórdias
e das tuas bondades, que são desde a eternidade.
Não te lembres dos meus pecados da mocidade,
nem das minhas transgressões.
Lembra-te de mim, segundo a tua misericórdia,
por causa da tua bondade, ó Senhor.

Bom e reto é o Senhor, por isso, aponta o caminho aos pecadores.
Guia os humildes na justiça e ensina aos mansos o seu caminho.
Todas as veredas do Senhor são misericórdia e verdade
para os que guardam a sua aliança e os seus testemunhos.

Conhecida e amada

*Por causa do teu nome, S*ENHOR*,*
perdoa a minha iniquidade, que é grande.
*Ao homem que teme ao S*ENHOR*,*
ele o instruirá no caminho que deve escolher.
Na prosperidade repousará a sua alma,
e a sua descendência herdará a terra.
*A intimidade do S*ENHOR *é para os que o temem,*
aos quais ele dará a conhecer a sua aliança.
*Os meus olhos se elevam continuamente ao S*ENHOR*,*
pois ele me tirará os pés do laço.

Volta-te para mim e tem compaixão,
porque estou sozinho e aflito.
Alivia-me as tribulações do coração;
tira-me das minhas angústias.
Considera as minhas aflições e o meu sofrimento
e perdoa todos os meus pecados.
Considera os meus inimigos, pois são muitos
e me abominam com ódio cruel.

Guarda-me a alma e livra-me;
não seja eu envergonhado, pois em ti me refugio.
Preservem-me a sinceridade e a retidão, porque em ti espero.
Ó Deus, redime a Israel de todas as suas tribulações.

SALMO 25

Você é aperfeiçoada na maternidade

Salmo 127:1,2

*Se o SENHOR não edificar a casa,
em vão trabalham os que a edificam;
se o SENHOR não guardar a cidade, em vão vigia a sentinela.
Inútil vos será levantar de madrugada,
repousar tarde, comer o pão que
penosamente granjeastes;
aos seus amados ele o dá enquanto dormem.*

Quando estava em meio ao sofrimento de minha (primeira) crise de identidade como mãe, me recusei a admitir que a maternidade tivesse me mudado. Poderia assegurar firmemente que era a mesma pessoa que fora antes de eles nascerem.

Claro, isto era tolice. E errado. A maternidade me mudou. Mudou você também. Nenhuma de nós é exatamente igual à pessoa que era antes de ter filhos. Mas as mudanças que ocorreram não foram da forma que esperávamos — especialmente quando estamos desnorteadas tentando saber quem somos como mães.

As mudanças que ocorrem com a maternidade não se restringem a mudar o âmago de quem somos e substituí-lo por algo — ou alguém — novo, mas tem mais a ver com o aperfeiçoamento, com o suavizar, se expandir e ser espremida.

Contextualizando as Escrituras, as mudanças são mais como uma remodelação vigorosa numa casa, do que uma demolição completa e nova construção. Algumas vezes é necessário que se vá até os alicerces

— mas isto nos permite construir nossa vida fundamentando-a em Deus, nas tarefas, dons, paixões e personalidade que Ele nos deu.

Acredito que Deus, de muitas maneiras, usa a maternidade como um período de reformulação — e algumas vezes de reconstrução — de quem eu sou, especialmente aquelas áreas do meu ser que foram construídas "em vão".

O Senhor usa a maternidade para me mostrar partes de minha vida que precisam ser trabalhadas ou demolidas — meus problemas com ansiedade e consumismo, por exemplo. Mas este também pode ser um tempo de crescimento; parece que meu coração aumentou de tamanho para que caiba todo o amor que o fato de gerar filhos trouxe à minha vida, por exemplo.

Porém, além de trabalhar as emoções, Deus usa a maternidade para firmar quem nós somos, e quem Ele quer que sejamos, já que isso põe em foco o que realmente importa ou não em nossa vida. A maternidade me ensinou que se eu quiser ser uma boa mãe preciso de tempo para mim mesma, tempo para ler e escrever, para ficar em silêncio na presença de Deus. E que isto está certo. Antes sentia-me culpada ou má por ter necessidade de ter este espaço sozinha, por ter necessidade de expressar meus dons não maternais, e agora entendo que é assim que Deus me fez. As demandas da maternidade me ensinaram isto.

Minhas amigas vivenciaram isto de maneira diferente; elas nunca haviam percebido o quanto necessitavam da companhia de boas amigas para ajudá-las a encontrar sanidade ao final das semanas loucas. E que está tudo certo com isto. Que não era egoísmo. Em vez disto, era como Deus as criara.

Muitas mães precisam admitir que sua vida foi construída sobre conceitos muito frágeis que definem a vida como "boa". A maior parte do que nos preenche se baseia no que nossa cultura, família, ou amigos dizem que precisamos ter. Assim, gastamos tempo fazendo coisas que não são pecaminosas, mas que não são o que Deus preparou para nós. São coisas desnecessárias.

A maternidade oferece um período maravilhoso para fazermos um balanço de nossas vidas — sobre como e com quem passamos nossos dias — e para buscar a Deus. Para pedir-lhe que nos mostre se temos vivido ou construído nossa vida como Ele planejou ou se Ele pode nos oferecer uma reconstrução, ou ao menos uma purificação, para que possamos descansar — exatamente como a passagem bíblica promete — sobre modo como Deus nos fez e em Seu amor.

Oração

Deus, muitas vezes sou tentada a seguir o que o "mundo" diz que é o melhor para mim e minha família. Quero acreditar no que as propagandas mostram e no que os outros me dizem que "preciso" para viver bem. Mas sei que isto nem é sempre o que o Senhor diz que é bom. Em vez disso, ajuda-me a construir minha vida e de minha família sobre Tua "rocha" — Tuas palavras, Tua verdade e Teus planos.

O que Deus diz? Veja Mateus 7:24-27

Conhecida e amada

Você é moldada pela experiência

Salmo 78:2-4

*Abrirei os lábios em parábolas e
publicarei enigmas dos tempos antigos.
O que ouvimos e aprendemos, o que nos contaram nossos pais,
não o encobriremos a seus filhos; contaremos à vindoura geração
os louvores do* Senhor, *e o seu poder, e as maravilhas que fez.*

Pouco antes do meu filho Henrique nascer minha mãe me perguntou: "Alguma vez você sentiu que eu não a amava?". Disse-lhe que não. Sempre soube que era amada. Mas ela continuou e me disse que nem sempre me amara: "Levou um tempo para o amor completo chegar. Alguns dias, talvez."

Minha mãe não me disse aquilo para me fazer sentir mal (é estranho, mas eu não me senti), mas para que não me sentisse culpada caso esse amor todo por meu filho não chegasse imediatamente.

Sempre lhe serei agradecida por estas palavras. Especialmente porque o amor pleno por meu filho não encheu meu coração de uma vez. Levou alguns dias — ao menos com meus primeiros dois filhos — para envolver-me completamente, para ter níveis quase maníacos de amor feroz, protetor, implacável e incondicional pulsando nas minhas veias.

Se minha mãe não tivesse compartilhado sua experiência comigo, se não estivesse disposta a transmitir a verdade que sabia, eu poderia ter ficado perturbada, sugada pela culpa, e imaginando o que estaria errado comigo, como mãe naqueles primeiros dias em que o amor não estava em primeiro plano. Poderia ter sentido tudo isto, e suspeitava que era assim que minha mãe se sentira em sua época. Mas ela — graças Deus — fez uma escolha importante. Em vez de deixar esse "não amei meu bebê por dois dias!" se tornar algo vergonhoso, escondido e registrado nos anais do "nunca conte para ninguém", ela permitiu que sua experiência de dor, ansiedade e culpa a moldassem e depois fosse de ajuda para mim.

É exatamente o que o salmo de hoje diz.

Todas nós já passamos por circunstâncias ou fizemos e dissemos coisas que adoraríamos esquecer, coisas que preferiríamos manter escondidas e enterradas. No entanto, o que isto traz de bom? Especialmente quando olhamos para trás e vemos como Deus trabalhou nestas circunstâncias, como transformou algo negativo em positivo. Quando percebemos como nossas vidas foram moldadas por essas mesmas circunstâncias.

Considere o amor de minha mãe por mim. Pode ser que ela não tenha sido o tipo de mãe que disse "me amou desde que descobriu que estava grávida", mas jamais senti que não me amasse. Nem toda filha pode dizer isto.

A escolha de me contar sobre seus dias de culpa, vergonha e de pensar o que havia de errado com ela é um sinal de seu amor. Estava disposta a colocar para fora aquilo que muitas tentam esconder — porque me ama. E claro, porque ama Deus. Pois minha mãe se permitiu ser moldada pela maternidade e por seu relacionamento com o Senhor, deixando que meu nascimento, minha educação e seu amor por mim fossem uma grande obra de Deus em sua vida, um testamento do quão longe ela poderia ir. E ao me contar as histórias que os outros preferem esconder, tornou-se motivo de louvor a Deus.

Oração

Deus, passo muito tempo perdida em sentimentos de culpa e vergonha. Por favor, me perdoa pelos meus erros que causam essa culpa, mas também ajuda-me a aceitar o presente da graça. Ajuda-me a passar este presente aos meus filhos também. Permita que eu os eduque para que saibam que os erros não são o final de tudo, mas que contigo no comando de nossas vidas, há esperança, graça e um milhão de segundas chances.

O que Deus nos diz? Leia o Salmo 145:3-5.

Você é guiada por Deus

Salmo 25:4,5

Faze-me, Senhor, conhecer os teus caminhos,
ensina-me as tuas veredas.
Guia-me na tua verdade e ensina-me,
pois tu és o Deus da minha salvação,
em quem eu espero todo o dia.

Minha amiga Ana me olhou por sobre a mesa e respirou fundo. "Não tenho ideia do que devo fazer", disse.

Ana havia deixado seu emprego de tempo integral pouco tempo depois do nascimento de seu primeiro filho, para ser autônoma que trabalha em casa. Isto funcionou perfeitamente até o dia em que seu marido perdeu o emprego. Os meses em que ele permaneceu procurando emprego se arrastaram até que ela percebeu que também deveria enviar seu currículo e procurar por emprego de tempo integral que também lhe trouxesse benefícios.

Fui ao seu encontro numa cafeteria no dia seguinte em que ela recebeu uma proposta de emprego para um cargo bem pago, mas que a tiraria da vida que ela conhecera e amava, e a levaria para uma jornada de 10 horas diárias longe de suas filhinhas.

Estava empolgada com a oportunidade de ser capaz de prover por sua família, mas brava porque Deus permitira essa sequência de eventos em sua vida. Não fazia sentido o fato de ela terminar sua boa fase, como ela assim chamou, e trocá-la por uma vida que parecia menos importante.

Conhecida e amada

Eu não tinha uma resposta. Não faço ideia do porquê Deus, às vezes, vira nossas vidas de cabeça para baixo, o porquê permite que coisas ruins aconteçam, ou o porquê de nos levar a lugares aos quais não queremos ir.

Esta é uma das razões por que amo me aprofundar nos Salmos. Os salmistas, pareciam lutar com as mesmas ideias — não importa quanto fossem inteligentes, talentosos e, às vezes, perspicazes. As pessoas têm lutado com isso — e se questionado — há muito tempo.

Embora não saibamos os porquês da vida, nós conhecemos o Quem. Sabemos que não importa em que direção nossa vida nos leva, Deus está conosco. Onde quer que o Senhor nos conduzir, Ele nos segurará pela mão. Entendemos que não importa quão confuso ou traiçoeiro for o caminho que tenhamos que atravessar, Deus ilumina cada passo.

Algumas vezes isso não é o que queremos ouvir. Mesmo para aquelas que amam a Deus e procuram segui-lo. Ana preferiria ouvir que Deus a restauraria a sua antiga vida e que mandaria um emprego para seu marido, porque seguir a Deus — mesmo que Ele estivesse com ela, iluminando seus passos e segurando sua mão — não era fácil.

Mas por causa da satisfação que Ana obteve no trabalho e do tempo que seu marido agora tinha com as filhas, ela descobriu que valia a pena. Seguir a Deus e Seu caminho — seja lá qual for — sempre vale a pena.

Oração

Deus, desejo profundamente indicações claras para a caminhada, caminhos bem iluminados e um mapa detalhado. Mas as estradas da vida são muito confusas. Por favor, guia-me. Ajuda-me a crer que apesar de eu não ser capaz de ver toda a jornada, tu me guias pelo caminho. E Tuas palavras são lâmpadas para meus passos.

O que Deus diz? Leia o Salmo 119:105.

Caryn Rivadeneira

Você é afetada por suas escolhas

Salmo 119:58,59

Imploro de todo o coração a tua graça;
compadece-te de mim, segundo a tua palavra.
Considero os meus caminhos
e volto os meus passos para os teus testemunhos.

Normalmente, não sinto calafrios enquanto assisto TV — não os do tipo que me fazem sentir culpada. Porém, durante um episódio de *Downton Abbey*, Lady Mary, a personagem da filha mais velha, mostra pouca compaixão por uma de suas empregadas, que engravida fora do casamento e está totalmente desafortunada.

Quando a irmã de Lady Mary a acusa de ser muito dura com a serviçal, Mary pergunta, "Por quê? Não estamos todos presos pelas escolhas que fazemos?"

Se você conhece o programa, sabe que estas suas palavras são poderosas, visto que tem feito escolhas dolorosas — e por vezes completamente erradas — às quais está realmente presa, e que afetam quase todas as outras áreas de sua vida.

Meus arrepios e condenação estão vinculados ao meu próprio reconhecimento das escolhas e decisões que fiz em minha vida que pareciam querer alojar-se em minha família. Nada muito grande. Nada horrível. Mas ainda o suficiente para me fazer perceber que talvez algumas das dificuldades que estava vivendo não eram punição de Deus e nem culpa de ninguém, mas simplesmente resultado de minhas escolhas ruins.

Conhecida e amada

Embora não haja consenso, muitos estudiosos acreditam que foi Davi que escreveu o Salmo 119. Ele sabia algo sobre escolhas ruins. Embora Deus o amasse e o tivesse escolhido para grandes realizações, e mesmo que ele amasse a Deus e buscasse fazer a Sua vontade, Davi foi um homem que fez más escolhas. O segundo livro de Samuel está cheio de histórias sobre as suas escolhas foram erradas.

No entanto, Davi também reconhecia que Deus pode redimir e transformar até mesmo a pior das escolhas e como o Senhor está sempre ali, distante apenas alguns passos de nossas escolhas ruins, oferecendo-nos ajuda para voltarmos ao caminho certo — o Seu caminho.

Estas são notícias maravilhosas para nós, mas especialmente confortantes para nós como mães, que cometemos erros diariamente. Talvez tenhamos que conviver com as consequências de nossas escolhas ruins, mas também temos um Deus que está pronto a nos perdoar, e a nos dar as boas-vindas quando voltarmos nossos passos aos Seus estatutos — como declara o salmo — e transformar o que parece ser maldição em bênção. E esta é a melhor maneira de nossas escolhas — até mesmo as piores — nos afetarem.

Oração

Deus, cometi tanto erros — enquanto criança, como mulher e agora como mãe. Mas mesmo que eu tenha que conviver com as consequências destas ações, sei que tu me amas, que me perdoas e podes usar todas as coisas para um final bom. Ajuda-me a aprender e crescer com meus erros — e a ser exemplo para meus filhos. Obrigada por Tua graça e Tua misericórdia em minha vida.

O que Deus diz? Leia Romanos 5:8.

Você é influenciada pela cultura

Salmo 44:1

Ouvimos, ó Deus, com os próprios ouvidos;
nossos pais nos têm contado o que outrora fizeste, em seus dias.

Uma de minhas amigas gosta de dizer que nossa cultura está descendo depressa ladeira abaixo — que nossa bússola moral está quebrada, que perdemos nosso foco coletivo em Deus, e que o mundo nunca foi tão ruim. Reclama que nunca foi tão difícil educar nossas crianças com valores cristãos.

Mesmo que, com certeza, existam aspectos de nossa cultura que não estejam alinhados com os valores judaico-cristãos — algumas letras de música popular e o predomínio de tráfico sexual humano me vêm à mente — não concordo com minha amiga. Afinal, basta um rápido olhar para a história da humanidade, voltar aos dias de escravidão e segregação racial legalizada, para ver que o mundo sempre foi uma grande bagunça. Cheio de depravação moral e superficialidade, de pessoas que procuram seus próprios interesses acima de tudo e a qualquer custo, e com pessoas que deixam de buscar a Deus. Nossa cultura sempre apresentou desafios aos pais, porque sempre houve forças que trabalharam contra o bem que tentamos ensinar aos nossos filhos.

Porém, o mundo também está cheio de coisas boas — que coexistem com as ruins, coisas boas que surgem a partir das coisas ruins, e que brilham tanto que ofuscam as más dentro da névoa do esquecimento.

O que importa não é se o mundo está melhor ou pior, mas que possamos reconhecer o bem e o mal em nossa cultura e saibamos que

Conhecida e amada

somos influenciadas por tudo isto — pelas coisas boas, pelas ruins, e até mesmo pelas neutras.

Não importa o quanto estejamos engajadas ou separadas da cultura, ela nos influencia. Assim como a cultura de nossos pais e avós os influenciou. Somos produtos — pelo menos parcialmente — do mundo em que vivemos. E precisamos ser capazes de identificar os caminhos da nossa cultura que estão em desacordo com o que queremos ensinar aos nossos filhos ou com o que nós mesmas queremos ser. Mas também precisamos saber identificar as coisas boas — e a forma como Deus age — em nossa cultura.

Não importa o quanto as coisas possam estar ruins, Deus está, de fato, trabalhando. O salmo de hoje fala a esse respeito. "Ouvimos, ó Deus, com os próprios ouvidos; nossos pais nos têm contado o que outrora fizeste, em seus dias." O que Deus fez naqueles dias foi trabalhar com grupos de pessoas, dentro de suas culturas. E estas são as histórias que os ancestrais dos salmistas transmitiram — histórias de Deus intervindo, talvez punindo pecados ou demonstrando grande misericórdia. De qualquer forma, era Deus transformando vidas e mudando corações em todas as culturas influentes.

Oração

Deus, este mundo pode ser um lugar assustador. Não somente pela clara violência e maldade, mas pelas formas em que nossa sociedade pode nos afastar de ti. Quando estou preocupada perco o foco em ti, me ajuda a te ver neste mundo, nesta cultura. Ajuda-me a lembrar de que este é o Teu mundo e que tu não somente o dominas, mas que reinas sobre ele.

O que Deus diz? Veja João 16:33.

Parte 5

Você é feita à imagem de Deus

Aleluia! De todo o coração renderei graças ao Senhor,
na companhia dos justos e na assembleia.

Grandes são as obras do Senhor,
consideradas por todos os que nelas se comprazem.
Em suas obras há glória e majestade,
e a sua justiça permanece para sempre.
Ele fez memoráveis as suas maravilhas;
benigno e misericordioso é o Senhor.
Dá sustento aos que o temem;
lembrar-se-á sempre da sua aliança.

Manifesta ao seu povo o poder das suas obras,
dando-lhe a herança das nações.
As obras de suas mãos são verdade e justiça;
fiéis, todos os seus preceitos.
Estáveis são eles para todo o sempre,
instituídos em fidelidade e retidão.
Enviou ao seu povo a redenção;
estabeleceu para sempre a sua aliança;
santo e tremendo é o seu nome.

Conhecida e amada

O temor do Senhor *é o princípio da sabedoria;*
revelam prudência todos os que o praticam.
O seu louvor permanece para sempre.

Salmos 111

Caryn Rivadeneira

Você é obra das mãos de Deus

Salmo 103:13,14

*Como um pai se compadece de seus filhos,
assim o Senhor se compadece dos que o temem.
Pois ele conhece a nossa estrutura e sabe que somos pó.*

Semana passada, um dos meus filhos — a quem chamarei de "Pedro" para evitar um constrangimento — teve um enorme chilique inapropriado para a sua idade. O tipo de birra para superar todas as anteriores. Daquele tipo que você esperava que seus filhos já tivessem abandonado lá pelos dois anos, mas que parece mostrar sua cara feia de vez em quando.

Tudo começou quando pedi para ele fazer algo que não estava "a fim" de fazer. Quando o pressionei dizendo que não importava se tivesse vontade de fazê-lo ou não, Pedro caiu aos prantos, começou a gritar e ficou batendo os braços me dando todas as razões por que que aquela tarefa não iria ser realizada.

Quando meu marido, Rafael, entrou na sala no meio do chilique, olhou para mim como se eu estivesse fora de mim, perguntando-se porque eu deixava aquilo continuar. Acho que permiti aquilo, pois entendia por que Pedro manifestava seu ataque de fúria. Entendo sua crise, porque faço a mesma coisa — bem, não exatamente a mesma — quando estou cansada e preciso comer algo. Sei muito bem como é chegar àquele ponto em que estou tão cansada e faminta que mesmo o menor dos pedidos me leva ao limite. Meu filho é bem parecido comigo neste sentido. Pedro é maravilhosamente comportado até que o sono e a fome cheguem.

Então, enquanto muitos argumentam que mandá-lo para o quarto seria o apropriado, nesse momento deixo a minha compreensão da "condição" do meu filho me direcionar da disciplina para a compaixão (Além do mais, havia permitido que meu filho ficasse muito cansado e faminto, então parecia bobeira puni-lo em vez de resolver o problema). E gosto de pensar que essa atitude é parecida com a que Deus me oferece de tempos em tempos.

Mesmo que certamente Deus nos discipline de vez em quando — e mesmo que, com certeza, sejamos chamadas a disciplinar nossos filhos — amo o que o versículo de hoje nos fala sobre a compaixão do Senhor. É por sermos obras de Suas próprias mãos, que Deus sabe do que somos formadas, e por entender tão bem nossas limitações que Ele mostra Sua enorme compaixão e misericórdia em nossa vida.

Oração

Deus, obrigada pela forma que permites que Teu entendimento de minha humanidade seja o combustível para Teu coração compassivo. Por favor, me ajuda a mostrar a mesma compaixão e misericórdia aos outros.

O que Deus diz: Leia Isaías 49:14-16.

Você é amorosa

Salmo 119:41,42

Venham também sobre mim as tuas misericórdias, Senhor,
e a tua salvação, segundo a tua promessa.
E saberei responder aos que me insultam,
pois confio na tua palavra.

Apesar de amar demais os meus filhos, falho em muitas áreas como mãe: não sou disciplinadora consistente; tenho propensão a estalar as juntas dos dedos e a gritar quando estou cansada e ainda não tenho um bom sistema de organização de brinquedos.

Sou boa em amá-los e em demonstrar amor por eles. Digo-lhe com frequência que os amo; normalmente estou disposta a deixar tudo para aconchegá-los e acredito que entenda cada uma de suas "linguagens do amor" para que possa lhes demonstrar o tipo de amor que irão entender individualmente.

Amar meus filhos é fácil. É natural. Mesmo que, às vezes, eu os ache desrespeitosos ou ofensivos, não consigo imaginar algo que pudesse me fazer parar de amá-los. Não consigo conceber alguma coisa que qualquer um deles pudesse fazer — não importa quão terrível — que fizesse meu amor acabar.

É inconcebível. Com raras exceções, o amor de uma mãe está integrado tão profundamente em seu ser que não há como remover ou diminui-lo. É uma força miraculosa, e é isso que talvez reflita, mais do que tudo, a imagem de Deus em nossa vida.

Amamos profunda, apaixonada e fortemente porque Deus nos ama desta forma. Amamos porque fomos feitas à imagem do Deus cujo amor por nós não vai acabar nem desvanecer. Porque o Senhor nos fez como Ele nesse sentido — para amar. E a coisa mais maravilhosa sobre o amor é beneficiar tanto aquele que doa como aquele que recebe.

Assim como amarmos nossos filhos os ajuda a crescer seguros, confiantes e prontos para enfrentar esse mundo, o amor de Deus nos permite isso também. "Venham também sobre mim as tuas misericórdias, S<small>ENHOR</small>, e a tua salvação", e o salmista escreve, "E saberei responder aos que me insultam, pois confio na tua palavra." E é por receber esse amor infalível que vem do Senhor que o salmista encontra força e formas de responder aos insultos.

O amor de Deus é mais do que simplesmente um aconchego quentinho e sentimentos felizes; tem a ver com nosso treinamento. E acredito que a mesma coisa pode ser dita sobre o amor de uma mãe. Amamos nossos filhos — incessante e incondicionalmente — porque é esse amor que os auxilia enquanto eles se aventuram pelo mundo afora, que lhes dá confiança para fazerem o que foram chamados a realizar, que os faz saber que mesmo quando falharem, ainda serão amados.

Mas o nosso amor por nossos filhos faz algo mais. Quando demonstramos amor e vivemos este maravilhoso reflexo da imagem de Deus, direcionamos nossos filhos ao doador de amor, o próprio Deus.

Oração

Deus, obrigada por me dar pessoas para amar. Embora eu ame imperfeitamente, ajuda meu amor a se tornar mais como o Teu todos os dias. Ajuda-me a amar de maneira paciente e bondosa. Ajuda o meu amor a proteger, confiar, a ter esperança e a perseverar. Assim como tu me amas.

O que Deus diz? Leia 1 Coríntios 13.

Você é criativa

Salmo 19:1

*Os céus proclamam a glória de Deus,
e o firmamento anuncia as obras das suas mãos.*

Minha mãe faz centros de mesa maravilhosos. Não importa a ocasião (formal ou casual), não importa as formas (lindas flores ou cartas antigas de bingo), minha mãe consegue criar peças que transformam aquele objeto em assunto de conversas por dias.

Minha amiga Cristina faz festas para suas filhas que envergonhariam a melhor casa de festas. Os pequenos convidados vinham para casa depois de ter um tempo maravilhoso com seus amigos enquanto decoravam camisetas que tinham sido desenvolvidas por Cristina e trabalhos manuais para comemorar na festa.

Outra amiga, Betty, monta kits individualizados de atividades para viagem para seus quatro meninos sempre que precisam fazer uma viagem longa até a casa da avó. Os meninos ficam ocupados por horas, mantendo a irritação e as brigas de lado enquanto viajam por uma das mais entediantes e planas estradas que conheço.

Outras amigas minhas tocam músicas suaves ao piano. Algumas pintam ou preparam jogos para serem praticados fora de casa, num estalar de dedos. Algumas começaram seu próprio negócio. Algumas inventaram coisas. Muitas delas escrevem.

Fico surpresa com cada uma dessas mulheres — com seus dons e habilidades para criar. Mas o engraçado é que muitas nem pensam em suas habilidades criativas. Quando elogiadas, dão de ombros e dizem: "Oh, não é nada demais."

Conhecida e amada

Mas não é que não seja nada demais. Nossas habilidades criativas são algumas das mais importantes maneiras de refletirmos a Deus — não importa a forma que tenham ou como sejam expressas.

Afinal de contas, a primeira coisa que nós aprendemos sobre quem Deus é, quando lemos as Escrituras, é que Ele é criativo. "No princípio, criou Deus os céus e a terra", Gênesis 1:1 nos explica. E o salmista nos conta que cada criação proclama a Sua glória e as Suas obras. Deus é criativo. Ele é o Criador que pinta os céus, que esculpiu os seres humanos, que traz música de lugares inesperados, que escreveu a história de redenção para Seu povo. Tudo isso proclama a glória de Deus e a obra de Suas mãos.

Nós também proclamamos a glória de Deus quando permitimos nossa criatividade florescer, e que nossas habilidades e pensamentos saiam dos nossos reinos particulares para um mundo mais abrangente. É por isso que somos criativas — e todas somos criativas — porque Deus é criativo. Porque fomos feitas à Sua imagem para criar, sonhar, produzir, proclamar Sua glória.

Oração

Deus, algumas vezes é difícil imaginar que eu tenha sido feita à Tua imagem. No entanto, quando vejo meus filhos criarem projetos de artes e sonhar com jogos, vejo a criatividade deles como um reflexo de ti. Ajuda-me a explorar minha criatividade também. Ajuda-me a fazer isso não para que outros fiquem maravilhados com meus dons, mas para que possam ver o reflexo do meu Criador.

O que Deus diz? Leia Gênesis 1.

Você é alguém que deseja o bem

Salmo 101:2

Atentarei sabiamente ao caminho da perfeição.
Oh! Quando virás ter comigo?
Portas a dentro, em minha casa, terei coração sincero.

Eu estava cansada, estressada, no meu limite. E essa não é uma boa combinação quando é necessário disciplinar. Quando meus filhos começaram a brigar entre si — novamente — sobre quem iria segurar o controle remoto, perdi a cabeça. Levantei e comecei a gritar com eles. Dando de dedo e dizendo como estavam piorando um dia que já estava ruim. E sobre como minha primeira oportunidade de relaxar o dia todo estava sendo destruída pela sua briga ridícula. Eu queria um pouco de paz, de silêncio, e um pouco de tempo para assistir um programa de TV.

Continuei gritando com eles enquanto marchavam para seus quartos, para onde eu os tinha enviado. E, por fim. soltei um "ahhh" e bati com minha mão nas costas do sofá antes de ouvi-los fecharem a porta.

Então, lembrei-me do olhar do meu filho, quando disse: "Desculpe, mamãe." Desabei no sofá e respirei bem devagar. Eu havia agido mal, de novo. Tinha cometido um erro. E o motivo pelo qual havia punido meus filhos era ainda pior. Eles estavam encrencados por terem revidado, enquanto se irritavam mutuamente — e aqui estava eu sentada — e culpada da mesma coisa. Na verdade, eles provavelmente aprenderam isso de mim.

Conhecida e amada

Senti-me horrível. Assim como me sentira toda vez que me comportara mal como mãe. Claro que é minha responsabilidade disciplinar meus filhos quando eles saem da linha, me certificar de que distingam o certo do errado e de que saibam que há consequências quando não se comportam, mas não devia gritar desnecessariamente, agir como doida, ou disciplinar sem amor. E havia feito estas três coisas.

Antes de subir as escadas para conversar e pedir-lhes perdão, orei pedindo perdão a Deus e Sua ajuda para ser uma boa mãe em tudo que fizer — inclusive na difícil tarefa de disciplinar mesmo quando estiver esgotada, frustrada e justificadamente brava. Porque, acima de tudo, desejo ser uma boa mãe. Não uma boa mãe como o mundo poderia definir (pense: aquela que faz biscoitos perfeitos, festas maravilhosas e que tira o pó usando joias e sapato de salto alto), mas como Deus definiria uma boa mãe (pense: a Regra Áurea é amar o seu próximo).

E esse desejo — de ser boa, de fazer o bem aos meus filhos — ainda é uma das melhores formas para demonstrar a imagem de Deus. Deus é bom. Em todo o tempo, como dizemos. Até mesmo nos momentos em que a vida não parece justa ou que Deus não esteja escutando nossas orações — ou respondendo-as do jeito que gostaríamos. Deus é bom e quer o melhor para nós. Assim como nós também queremos o melhor para nossos filhos.

Oração

Deus, desejo fazer o certo para a minha família — e para ti. Quero ser uma boa mãe e uma boa mulher. Quero fazer coisas boas nesse mundo. Mas muitas vezes falho. Por favor, me perdoa. E dá-me as ferramentas que necessito para ser essa boa mãe e boa mulher que desejo ser.

O que Deus diz? Leia Efésios 2:10 e 1 João 1:9.

Você é complexa

Salmo 111:2-4

*Grandes são as obras do Senhor,
consideradas por todos os que nelas se comprazem.
Em suas obras há glória e majestade,
e a sua justiça permanece para sempre.
Ele fez memoráveis as suas maravilhas;
benigno e misericordioso é o Senhor.*

Quando estou palestrando para o MOPS ou para um grupo de mães pelo país, gosto de direcionar as mães a um exercício de identidade que é baseado em algo que meu pai costumava perguntar aos entrevistados quando trabalhava em Recursos Humanos. É um simples conjunto de perguntas: O que você queria ser quando tinha sete anos? O que o faz sentir mais vivo? O que significa um dia maravilhoso para você? O que você faz bem naturalmente que outras pessoas não fazem? Com o que você sonha? Quais são os problemas que incomodam a sua alma ou arrasam o seu coração? E assim por diante.

Encorajo as mulheres a responder essas questões com ousadia e honestidade — a não responder o que elas acham que deveriam ou mesmo o que desejariam (não é necessário fingir que um dia maravilhoso é estar sozinha com todas as crianças sem conseguir respirar por um segundo!), mas responder a verdade, sem medo de parecer orgulhosa ou arrogante.

Em seguida, eu as incentivo a escolher uma palavra que descreva cada uma de suas respostas para que tenham um arsenal de palavras prontas para serem usadas para descrever quem elas são. Palavras que podem

Conhecida e amada

ser acrescentadas ao final da frase: *Eu sou mãe e*_____.
Palavras que, quando sentimos que ninguém realmente nos conhece ou que nós não nos conhecemos mais, podem ser ditas, invocadas para lembrar-nos quem Deus quer que sejamos.

E quero que lembremos que não somos apenas uma dessas palavras, mas todas elas. As mães são criaturas complexas. Multifacetadas, à imagem de Deus.

Deus — em Sua bondade — nos deu tantas palavras, tantas imagens para nos mostrar quem Ele é. Por todas as Escrituras, o Senhor se apresenta como uma rocha, uma fortaleza, o Abba Pai, e até mesmo como uma ave mãe! Deus nos permite vê-lo como Espírito, e como humano — em Jesus. Cristo nos diz que Ele é o pão da vida; a água viva; o caminho, a verdade e a vida.

Em várias histórias da Bíblia, vemos Deus como redentor, resgatador, salvador, protetor e provedor. E muito mais. As palavras e as imagens para Deus são quase intermináveis porque Ele é complexo. E é importante que o entendamos e conheçamos como um ser complexo. É por isso que o salmista escreve sobre refletir sobre as obras do Senhor. Nós que conhecemos a Deus queremos descobrir mais a Seu respeito!

É importante que outros nos conheçam dessa forma também. Fomos criadas para ser várias coisas, para ter paixões diferentes, habilidades e funções e relacionamentos, assim como o Senhor. Todas essas coisas são importantes, para Deus, para nossas famílias e para este mundo.

Oração

Deus, às vezes nem sei mais quem sou. Perco-me em uma lista de tarefas que exigem o meu tempo. Mas tu sempre sabes exatamente quem sou. E eu me humilho por isso. Obrigada por não me perderes de vista, ainda que eu mesma me perca. Ajuda-me a me ver com todos os meus dons, habilidades e funções, assim como tu me vês.

O que Deus diz? Leia Salmos 8:5.

Você é misericordiosa

Salmo 82:1-4

Deus assiste na congregação divina;
no meio dos deuses, estabelece o seu julgamento.
Até quando julgareis injustamente
e tomareis partido pela causa dos ímpios?
Fazei justiça ao fraco e ao órfão,
procedei retamente para com o aflito e o desamparado.
Socorrei o fraco e o necessitado; tirai-os das mãos dos ímpios.

Estava no meio de uma oração quando a minha ficha caiu. Enquanto eu oferecia a Deus palavras desesperadas — que Sua mão suprisse para nossa família em uma situação financeira bastante terrível, que Ele protegesse meus filhos do estresse financeiro em nossa família, e que conduzisse nossa família por esse vale — pensei em outras mães da minha comunidade e do mundo todo que pediam as mesmas coisas a Deus. E meu coração se despedaçou.

Pensei nas mulheres que conheciam o desepero que provavelmente eu nunca conheceria. Enquanto orava por alívio da nossa dificuldade, na verdade, a nossa situação terrível não era uma questão de vida ou morte. Meus filhos ainda teriam o que comer. Sempre teríamos um lugar quentinho para dormir — mesmo que fosse no porão da casa de nossos parentes. Tínhamos pessoas que nos ajudariam num piscar de olhos. Em outras palavras, enquanto orava pela provisão de Deus, pude imaginar as tantas maneiras pelas quais Ele poderia suprir-nos. Sei que não é qualquer mãe que tem essa mesma imaginação.

Conhecida e amada

Então, comecei a mudar as minhas orações. Apesar de eu ainda continuar a orar pelo nosso próprio alívio financeiro, acrescentei à minha oração — com mais frequência — as mães que realmente não tinham ideia de onde viria sua ajuda. Aquelas que imaginariam com dificuldade as formas que mesmo o Deus grande poderia salvá-las. E meu coração continuava apertado toda vez que orava por isso.

Uma das melhores coisas que a maternidade me trouxe é um coração maior. Você também sentiu isso? Parece impossível agora não se importar sobre o bem-estar e sustento de todas as crianças, depois que você descobriu o que é amar seus próprios filhos. Para mim, esse amor significou uma mudança em meu coração em alguns aspectos "sociais", uma mudança nas organizações a quem ofereço suporte, e uma grande mudança em minha vida de oração. Para algumas de minhas amigas, esse coração maior significou tornarem-se ativistas — fazendo petições no Congresso e escrevendo artigos para aumentar a conscientização.

Não importa o que os nossos corações ampliados nos constrangem a fazer. É maravilhoso lembrar que essa ainda é uma forma de refletirmos Deus em nossa maternidade. Ser mães nos torna mais misericordiosas. O amor que Deus coloca em nossos corações não é direcionado somente aos nossos filhos. Foi-nos dado esse imenso amor para defender o fraco, o pobre, o oprimido, como o salmo de hoje nos mostra. Fazemos isso porque Deus o faz por nós.

Oração

Deus, ter filhos e tornar-me mãe me ajudou a entender a profundeza do Teu amor por todos os Teus filhos. Ajuda-me a lembrar das necessidades dos Teus filhos — e não só dos meus. Acende um fogo de compaixão e justiça em meu coração e alma, e permita-me ser um instrumento de ajuda para que Tua bondade e misericórdia percorram todo o mundo.

O que Deus diz? Leia Amós 5:24.

Parte 6

Você foi feita para muitas coisas

Ao mestre de canto, Jedutum. Salmo de Davi

Disse comigo mesmo: guardarei os meus caminhos,
para não pecar com a língua; porei mordaça à minha boca,
enquanto estiver na minha presença o ímpio.
Emudeci em silêncio, calei acerca do bem, e a minha dor se agravou.
Esbraseou-se-me no peito o coração; enquanto eu meditava,
ateou-se o fogo; então, disse eu com a própria língua:

*Dá-me a conhecer, S*ENHOR*,*
o meu fim e qual a soma dos meus dias,
para que eu reconheça a minha fragilidade.
Deste aos meus dias o comprimento de alguns palmos;
à tua presença, o prazo da minha vida é nada.
Na verdade, todo homem, por mais firme que esteja, é pura vaidade.
Com efeito, passa o homem como uma sombra; em vão se inquieta;
amontoa tesouros e não sabe quem os levará.
*E eu, S*ENHOR*, que espero? Tu és a minha esperança.*

Livra-me de todas as minhas iniquidades;
não me faças o opróbrio do insensato.
Emudeço, não abro os lábios porque tu fizeste isso.

Conhecida e amada

Tira de sobre mim o teu flagelo;
pelo golpe de tua mão, estou consumido.
Quando castigas o homem com repreensões,
por causa da iniquidade, destróis nele,
como traça, o que tem de precioso.
Com efeito, todo homem é pura vaidade.

Ouve, S<small>ENHOR</small>, a minha oração,
escuta-me quando grito por socorro;
não te emudeças à vista de minhas lágrimas,
porque sou forasteiro à tua presença,
peregrino como todos os meus pais o foram.
Desvia de mim o olhar, para que eu tome alento,
antes que eu passe e deixe de existir.

S<small>ALMOS</small> 39

Caryn Rivadeneira

Você foi feita para vivenciar os seus dons

Salmo 92:1-3

*Bom é render graças ao S*ENHOR
*e cantar louvores ao teu nome, ó Altíssimo,
anunciar de manhã a tua misericórdia e,
durante as noites, a tua fidelidade,
com instrumentos de dez cordas,
com saltério e com a solenidade da harpa.*

Isso vai parecer terrível, mas às vezes gostaria que o salmista Davi não tivesse sido um músico também. Porque então, quando lêssemos palavras como as que lemos hoje, elas não reforçariam a ideia de que existem apenas algumas formas de adorar a Deus. Você entende o que estou querendo dizer?

Todos concordamos quando lemos que "bom é render graças ao SENHOR e cantar louvores ao teu nome" e sobre proclamar a fidelidade de Deus "com instrumentos de dez cordas, com saltério e com a solenidade da harpa". É claro que a música pode fazer isso. Qualquer pessoa que já foi uma vez na igreja pode testemunhar que a música é quase sempre usada em conjunto com o louvor a Deus e na proclamação de Sua fidelidade e amor.

Mas o que isso pode dizer àqueles que não são particularmente musicais? Ao ler estas palavras, como se sentiriam aqueles que temem que Deus iria cair de costas do Seu trono se nos ouvisse tentando alcançar uma nota?

Deveríamos nos sentir bem.

Conhecida e amada

Embora a música seja uma das formas mais comuns de expressão de louvor público, ela está muito longe de ser a única maneira pela qual Deus pode ser glorificado e louvado. Na verdade, Deus foi louvado por Davi enquanto ele pastoreava as ovelhas, liderava a nação e por seu amor aos seus filhos, tanto quanto por seu lado musical. Simplesmente porque Deus é louvado quando colocamos nossos dons em prática, quando usamos nossos talentos e as habilidades com que o Senhor nos dotou. Toda vez que fazemos aquilo para o qual fomos criadas, o fazemos para a glória de Deus. Podemos louvá-lo por intermédio de nossos dons.

Isto é algo maravilhoso. Mas também há um senso de perda muito grande quando enfrentamos épocas em que não podemos praticar nossos dons por causa das exigências da maternidade, quando não encontramos tempo ou espaço para fazer as coisas que amamos fazer e para as quais fomos criadas.

Porém, a boa notícia é que mesmo que não possamos praticar determinados dons e habilidades e louvar a Deus com eles — mesmo que sejam nossos dons e habilidades mais importantes — ser mãe significa que vivemos a vida repleta de oportunidades de louvar ao Senhor, de adorá-lo. Tudo que fazemos — cada sanduíche, cada leite com chocolate que misturamos, cada corpinho que abraçamos, cada incentivo que damos — é um ato de louvor. Da mesma forma como cada cliente que representamos, cada parede que pintamos, cada criança que ensinamos, cada paciente que atendemos, cada bola de tênis que rebatemos, cada vez que tocamos piano ou cada dom que usamos pode estar cheio de louvor.

O segredo é reconhecer Aquele que nos dá os nossos dons, habilidades e oportunidades de usá-los da melhor forma para a Sua glória.

Fomos criadas para praticar nossos dons e honrar a Deus.

Oração

Deus, antes dos meus filhos, parecia muito mais fácil usar meus dons para Tua glória. Eu tinha tempo! Mesmo não me sentindo capaz de praticar meus dons tanto quanto gostaria, Senhor, te ofereço o que posso fazer e tudo que tu criaste para eu fazer como um presente a ti.

O que Deus diz? Leia Colossenses 3:17.

Conhecida e amada

Você foi feita para florescer

Salmo 52:8

*Quanto a mim, porém, sou como a oliveira verdejante,
na Casa de Deus;
confio na misericórdia de Deus para todo o sempre.*

"Estou tão cansada" minha amiga suspirou, e seus olhos pesados encontraram os meus. "Parece que eu vou definhar."
Sorri para ela e para o recém-nascido que estava em seus braços. "Sei como você se sente", eu disse. "Mas melhora, prometo."
O que faltou eu lhe dizer naquela hora foi que mesmo que o sono eventualmente melhore e que comece a ser possível novamente dormir mais do que duas horas por vez, a verdade era que eu não precisava voltar completamente aos meus dias de filhos recém-nascidos para lembrar que me sentia tão cansada, que me preocupava se não iria desfalecer. Eu só precisava voltar ao dia anterior.
Até onde entendo, o cansaço que vem junto com a maternidade apenas adquire formas diferentes ao longo dos anos. Os dias de recém-nascido nos cansam pela falta do sono REM (profundo). Os anos em que começam a andar e ir para escola nos cansam por ficar correndo atrás deles, por todas as brincadeiras, e todas as necessidades serem supridas. Quando começam no Ensino Fundamental, eles nos trazem a preocupação com a escola e amigos e com o fato de não irem para a cama cedo como costumavam fazer. E os anos do Ensino Médio e faculdade? Nem quero pensar sobre isso.
Cada estágio da maternidade tem elementos e desafios que podem nos desanimar, e nos levar ao ponto de "definhar".

Não é isto o que Deus quer para nós. Não fomos feitas para desvanecer, para sair de fininho porque estamos cansadas demais e porque o mundo não perceberá se nós, as mães, não brilharmos. Fomos criadas para prosperar, para florescer.

O que isto significa? Como isto funciona nas tarefas diárias e exigências muitas vezes exaustivas da maternidade e de nossa vida ocupada? Funciona quando cuidamos de nós mesmas, assim como de todos ao nosso redor. Este não é um conselho novo. As mães ouvem muito: "Cuide de si mesma!". Quando o lemos nas revistas e nos *blogs* de algumas mães, o que querem dizer, frequentemente, é que deveríamos fazer uma visita a um salão de beleza local para um revigorante cuidado com nossas mãos e pés. Este não é um mimo ruim. Mas não é uma receita de crescimento a longo prazo.

Se queremos florescer ao invés de murchar — mesmo durante os tempos mais difíceis da maternidade — cuidar de nós mesmas deve significar recusar a fadiga e cuidar de todos nós: nosso coração, mente, corpo e alma. Precisamos não apenas nos interessar por coisas que nos fazem ficar bonitas, mas naquilo que nos faz sentir bem. Precisamos encontrar tempo para as coisas da vida que nos preencham mental e fisicamente, que nos aproximem de Deus, que envolvam nossas mentes, que mexam com nosso coração. E se queremos florescer precisamos encontrar formas de descansar. Isto nem sempre virá na forma de uma necessária soneca ou oito horas ininterruptas de sono. Mas deverá vir nas escolhas que fizermos em nosso dia a dia, em nos permitir dizer "não" para atividades que nos esgotem e "sim" para coisas que nos "alimentem", a fim de que não estejamos sempre exaustas, vazias, para que então possamos florescer para nós mesmas, para nossos filhos e para o reino de Deus.

Oração

Deus, estou cansada. Exausta. Tenho dificuldade em conseguir um tempo de descanso em minha vida e sei que isto é algo que tu

Conhecida e amada

queres para mim. Minha necessidade de descansar é um reflexo de ti. Ajuda-me a encontrar um ritmo de vida na qual consiga encaixar todas as minhas tarefas e demandas. Dá-me tempo para me recuperar a fim de que possa verdadeiramente florescer e viver como tu me chamaste para viver.

O que Deus diz? Leia Gênesis 2:2,3.

Você foi feita para seguir a Deus

Salmo 81:13,14

Ah! Se o meu povo me escutasse,
se Israel andasse nos meus caminhos!
Eu, de pronto, lhe abateria o inimigo
e deitaria mão contra os seus adversários.

Quando meu filho finalmente se levantou para pegar os seus sapatos depois de eu ter falado três vezes, segurei seu rostinho e perguntei: "Por que você não obedece na primeira vez que peço?"

Ele sorriu, encolheu os ombros e disse: "Porque eu estava ocupado."

Ri, apesar de não ter sido realmente engraçado. Claro que sua desobediência dessa vez não foi do tipo "viva ou morra", mas o ponto mais forte foi a facilidade com que me ignorou. Foi preciso falar alto e um maior senso de urgência em minha voz para que ele tomasse uma atitude.

Por que é assim? Provavelmente pelo motivo que ele alegou: estava ocupado. Ocupado em fazer um trilho de trem com os cartões de matemática da sua irmã. Você sabe como isso acaba.

Conversávamos, na ida de carro para a pré-escola, sobre como ele tinha que obedecer quando a mamãe dissesse para ele fazer alguma coisa, quer estivesse ocupado ou não. Este foi em minha vida outro momento em que eu era condenável por minha hipocrisia em meio a um sermão.

Na verdade, não sou rebelde contra as regras — pelo menos não as dos seres humanos. Não estava em velocidade alta a caminho da escola. Eu sigo as normas. Cumpro prazos de entrega. Mas quando se trata das regras de Deus, tendo a ficar um pouco ocupada demais para cumprir algumas delas.

Por exemplo, o dia de descanso. Quem tem tempo para descansar? Quem tem tempo para um dia todo sem trabalhar? Eu não! O amor ao próximo. Claro, eu até dou oi e tudo mais. Mas estou sempre tão ocupada com a minha própria família e meu trabalho em minha igreja. Quem tem tempo para sentar com a viúva solitária do fim da rua? Eu não!

Assim como as regras que impomos a nossos filhos não são arbitrárias ou feitas com o intuito de lhes complicar a vida sem motivo algum, as regras de Deus para nós não são instruções indiscriminadas para complicar as nossas vidas.

Da mesma maneira como colocamos regras aos nossos filhos porque os amamos — e esperamos que sejam cumpridas porque elas com que fazem a vida familiar seja mais calma e amável — também Deus nos dá regras porque Ele nos ama. O Senhor nos dá regras porque elas fazem a nossa vida ser melhor. Porque quando seguimos a Deus, vivemos de forma que o honra, aos outros, e a nós mesmas.

Fomos criadas para seguir ao Senhor. É a correria da vida — com todas suas distrações e tentações — que nos impedem de andar em Seus passos, de seguir Suas diretrizes e, finalmente, de viver a vida como Ele quer que a vivamos. Abstemo-nos de uma vida melhor quando ficamos ocupadas ou distraídas demais para segui-lo.

Oração

Deus, sei que tu não dás regras para nos sobrecarregar ou para estabelecer expectativas irrealistas, mas que nos dás diretrizes pela mesma razão que eu estabeleço regras para meus filhos: porque tu nos amas e porque queres nos ver vivendo corretamente. Ajuda-me a seguir Tuas ordenanças e viver como o Senhor quer que eu viva — porque eu te amo.

O que Deus diz? Leia Mateus 9:13.

Você foi feita para estar perto de Deus

Salmo 84:1-4

*Quão amáveis são os teus tabernáculos, S*enhor *dos Exércitos!*
*minha alma suspira e desfalece pelos átrios do S*enhor*;*
o meu coração e a minha carne exultam pelo Deus vivo!
O pardal encontrou casa, e a andorinha, ninho para si,
onde acolha os seus filhotes; eu, os teus altares,
S*enhor dos Exércitos, Rei meu e Deus meu!*
Bem-aventurados os que habitam em tua casa;
louvam-te perpetuamente.

Mesmo que eu admita prontamente que amo ter um tempo para mim mesma, um tempo longe das demandas aparentemente incansáveis de ter meus três filhos ao meu redor, também devo admitir que fico mais feliz quando cada membro da minha família está são e salvo. Bem perto de mim.

Especialmente em noites em que o tempo está virando, quando são previstas tempestades de chuva, nada parece melhor do que saber que meus bebês, meu marido, e até mesmo meu cachorro estão a salvo dentro de nossa casa quentinha e seca.

Amo ter minha família por perto. Tudo parece estar bem com o mundo quando estamos juntos. Como se tivéssemos sido feitos para isso. E é claro que fomos! Mesmo que todos tenhamos nossos próprios lugares para estar em horários diferentes do dia ou da semana, a família foi feita para estar junto, estar perto.

Conhecida e amada

Meu desejo de ter minha família por perto me lembra de como Deus se sente em relação a nós. Vemos nas Escrituras provas da tristeza de Deus e até mesmo de Sua ira quando Seus filhos se afastaram dele. De fato, em Mateus 23:37, Jesus diz: "Jerusalém, Jerusalém, [...] quantas vezes quis eu reunir os teus filhos, como a galinha ajunta os seus pintinhos debaixo das asas, e vós não o quisestes!".

Deus é como a galinha mãe — e como uma mãe humana! Ele quer Seus filhos perto, em Sua corte, louvando-o, como afirma o salmo de hoje. E se formos honestos, iremos perceber que isso é o que nós queremos também.

Mas muitas vezes — especialmente durante tempos de dúvida, confusão, ou frustração — achamos difícil estar perto de Deus, de buscar abrigo em Suas asas. Às vezes, não sabemos como ficar perto quando parece que Deus está tão distante.

Aproximarmo-nos de Deus, seguir o clamor de nosso coração de estar próximo a Ele, é só uma questão de lhe entregar nossos corações honestos. Quando nos sentimos afastados ou estamos cheias de dúvida, devemos dizer isso ao Senhor. Da mesma forma, quando nos sentimos alegres e agradecidas, devemos declará-lo a Deus também. Quando não sabemos o que falar, podemos simplesmente dizer: "Deus, eu busco Tua presença, anseio estar perto de ti." E então fique em silêncio diante de Sua presença, crendo que Ele está conosco, quer sintamos ou não.

Da mesma forma como desejamos a companhia de nossos filhos, também Deus deseja nossa companhia, nossa proximidade.

Oração

Deus, às vezes sinto que tu estás tão longe, mas mesmo assim quero o Senhor por perto. Por favor, vem para perto de mim, aproxima-me do Senhor e me faz compreender que tu estás comigo.

O que Deus diz? Leia Tiago 4:8.

Caryn Rivadeneira

Você foi feita para fazer a vida valer a pena

Salmo 39:4

*Mostra-me, SENHOR, o fim da minha vida
e o número dos meus dias, para que eu saiba quão frágil sou.*

Quando meu filho mais velho tinha três anos e minha filha um, eu disse para uma amiga que a maternidade era entediante. Acabei escrevendo esta história — de como é assustador dizer isso em voz alta, e sobre quão envergonhada eu estava de me sentir daquele jeito — em meu livro *Mama's got a fake ID* (Mamãe tem uma identidade falsa) e também mencionando o fato em meu *blog*.

Desde então, minhas leitoras, entrevistadores de rádio e outras amigas já me perguntaram sobre essa história milhões de vezes. Agora, essa emoção que eu tinha tanta vergonha em compartilhar — mas que compartilhei de qualquer maneira — vem à tona mais frequentemente do que gostaria.

Ainda não me orgulho em admitir que, por um tempo, minha vida de mãe em tempo integral me entediava. Mas ter este fato comentado me dá a oportunidade de mergulhar um pouco mais profundamente no que eu estava querendo dizer, a investigar porque exatamente me sentia entediada naquela época. A vida era muito ocupada — com a educação de dois filhos pequenos, com a tentativa de encaixar algum trabalho *freelance* de edição, como voluntária na igreja, com o cuidado da casa e da relação com meu marido. Com certeza muita coisa estava acontecendo. Então o que poderia estar me fazendo sentir entediada?

Conhecida e amada

Quando olho para trás, compreendo que o meu tédio tinha pouco a ver com os acontecimentos corriqueiros ou com as circunstâncias da minha vida. Ao contrário, tinha a ver com meu sentimento. Honestamente, começara a acreditar que as coisas que preenchiam a minha vida — mesmo as coisas importantes como cuidar dos meus bebês todos os dias — não importavam tanto assim em longo prazo. Claro que sabia que ser mãe estava entre as tarefas mais importantes que eu poderia exercer, mas ainda assim, o tédio me irritava.

Minha atitude em relação à monotonia de minha vida não era boa, entretanto, ela surgiu de algo natural que é construído em nós. Fomos criadas para fazer cada dia valer a pena. É assim que o salmista se sentia — queria saber quantos dias viveria. De fato, foi durante aquele tempo aparentemente tedioso (ou monótono) da minha vida que compreendi uma coisa: se acreditasse que ser mãe, editora ou escritora, esposa e membro de uma igreja era importante, então mesmo as coisas pequenas e tediosas nestas funções importavam. Pelo menos para Deus. E também deveriam importar para mim.

Fomos criadas para fazer a vida ter significado, para fazer coisas que glorifiquem a Deus e assim mudar o mundo. Mas precisamos lembrar que o que importa para Deus normalmente não é o que importa para o mundo. As coisas pequenas, grandes, entediantes, ou estimulantes são todas importantes, quando fazem parte de quem somos, e se o fazemos para a glória de Deus.

Oração

Deus, escuto histórias de pessoas fazendo coisas grandes e então olho para a minha própria vida e penso se o que faço dia após dia realmente importa. Sou grata pela minha vida como mãe, pelos presentes que são meus filhos, mas às vezes luto para encontrar satisfação em meus dias. Ajuda-me a ver minha vida — e o que eu faço — como tu vês. E ajuda-me a louvar-te em todas as coisas.

O que Deus diz? Leia 1 Coríntios 10:31.

Parte 7

Você tem a chance de recomeçar

Ao mestre de canto. Salmo de Davi,
quando o profeta Natã veio ter com ele,
depois de haver ele possuído Bate-Seba

*Compadece-te de mim, ó Deus, segundo a tua benignidade;
e, segundo a multidão das tuas misericórdias,
apaga as minhas transgressões.
Lava-me completamente da minha iniquidade
e purifica-me do meu pecado.*

*Pois eu conheço as minhas transgressões,
e o meu pecado está sempre diante de mim.
Pequei contra ti, contra ti somente,
e fiz o que é mau perante os teus olhos,
de maneira que serás tido por justo no teu falar e puro no teu julgar.
Eu nasci na iniquidade, e em pecado me concebeu minha mãe.
Eis que te comprazes na verdade no íntimo
e no recôndito me fazes conhecer a sabedoria.*

*Purifica-me com hissopo, e ficarei limpo; lava-me,
e ficarei mais alvo que a neve.
Faze-me ouvir júbilo e alegria,*

Conhecida e amada

para que exultem os ossos que esmagaste.
Esconde o rosto dos meus pecados
e apaga todas as minhas iniquidades.

Cria em mim, ó Deus, um coração puro
e renova dentro de mim um espírito inabalável.
Não me repulses da tua presença, nem me retires o teu Santo Espírito.
Restitui-me a alegria da tua salvação
e sustenta-me com um espírito voluntário.
Então, ensinarei aos transgressores os teus caminhos,
e os pecadores se converterão a ti.

Livra-me dos crimes de sangue, ó Deus, Deus da minha salvação,
e a minha língua exaltará a tua justiça.
Abre, Senhor, os meus lábios,
e a minha boca manifestará os teus louvores.
Pois não te comprazes em sacrifícios;
do contrário, eu tos daria; e não te agradas de holocaustos.

Sacrifícios agradáveis a Deus são o espírito quebrantado;
coração compungido e contrito, não o desprezarás, ó Deus.
Faze bem a Sião, segundo a tua boa vontade;
edifica os muros de Jerusalém.
Então, te agradarás dos sacrifícios de justiça,
dos holocaustos e das ofertas queimadas;
e sobre o teu altar se oferecerão novilhos.

SALMOS 51

Você é perdoada

Salmo 51:1,2,10

Compadece-te de mim, ó Deus, segundo a tua benignidade; e,
segundo a multidão das tuas misericórdias,
apaga as minhas transgressões.
Lava-me completamente da minha iniquidade
e purifica-me do meu pecado.
Cria em mim, ó Deus, um coração puro
e renova dentro de mim um espírito inabalável.

Para alguém tão amado por Deus como Davi, ele com certeza sabia como estragar tudo. Seus pecados não eram do tipo "pequenininhos". Não estamos falando de algo como dizer a sua avó que amou a comida dela, quando, na verdade, achou que estava muito salgada. Estamos falando de coisas "grandes". Os pecados de Davi foram do tipo que leva qualquer um a pensar que Deus realmente o amará menos.

Você sabe o que ele tinha acabado de fazer quando escreveu estes versos sobre a necessidade da misericórdia divina, sobre a necessidade de Deus lavar seus pecados, de um coração puro e de um novo espírito menos propenso a tropeçar? Sabe por quais pecados estava se arrependendo?

Davi tinha acabado de espiar Bate-Seba tomando banho. Olhou para suas curvas nuas, a água escorrendo sobre seu corpo, e decidiu que tinha que possuí-la. Literalmente. Assim, embora já tivesse esposas e concubinas em grande quantidade e, apesar de Bate-Seba ser casada com outro homem, a Bíblia nos diz: "Então, enviou Davi mensageiros que a trouxessem; ela veio, e ele se deitou com ela" (2 Samuel 11:4).

Hoje isto pode parecer algo trivial. Este é o rei "mandando buscar" uma mulher. Sem que haja romance ou reciprocidade. Provavelmente é sexo contra a vontade dela. Algo horrível! E fica pior: Bate-Seba engravida. O problema é que seu marido, Urias, estava na guerra. Quando o plano de Davi para trazê-lo de volta para dormir com Bate-Seba e assim assumir a paternidade não dá certo, o rei acaba enviando Urias de volta à guerra. Para a linha de frente a fim de que seja morto.

Percebe o que quero dizer sobre grandes pecados aqui? Em apenas uma história lemos sobre sua luxúria, adultério, violência, falsidade e como ele podia se tornar um assassino. Não é de se admirar que ele quisesse um coração limpo. Realmente precisava de um!

Mas, verdade seja dita, nós precisamos deste coração tanto quanto ele. Embora possamos não cometer pecados dessa natureza, ainda assim pecamos. Todos os dias. Como mães, provavelmente estamos mais conscientes dos nossos pecados e falhas do que qualquer outra pessoa — isso é o que alimenta toda a nossa culpa materna.

Perceber a profundidade e a quantidade de nossos pecados nunca é divertido. Mas eis a boa notícia: Deus nos ama tanto que Ele está pronto e disposto a nos perdoar de qualquer coisa. Qualquer coisa! Podemos ir diante do Senhor e pedir um coração novo e limpo, e um espírito "inabalável", assim como fez Davi.

Deus nos ama incondicionalmente. E Ele está pronto a nos perdoar —a "apagar" as nossas transgressões, como escreve Davi — incondicionalmente. Como mães, precisamos saber isso. Ser mãe em um contexto em que sabemos que somos perdoadas significa que poderemos viver livres da culpa que nos oprime e depois estender essa mesma graça amorosa aos nossos filhos.

Oração

Deus, há dias em que é difícil de acreditar que tu possas me amar incondicionalmente. Saber que tu ainda me amas e estás pronto a me perdoar — não importa o que eu fizer, pensar ou disser —

é algo tremendo. Mas creio nisso. Obrigada por este amor que enviou Jesus para tomar meu lugar e morrer por meus pecados.

O que Deus diz? Leia João 3:16.

Você é curada das feridas

Salmo 51:17

Sacrifícios agradáveis a Deus são o espírito quebrantado; coração compungido e contrito, não o desprezarás, ó Deus.

Quando meu filho mais velho tinha dois anos e eu estava grávida de sete meses da minha filha, o desgosto entrou em minha vida — embora eu não o tivesse reconhecido como tal logo que isto aconteceu. Afinal, o termo coração partido parece designar o amor que deu errado. Não a vida da mãe dona de casa com um bom casamento e uma vida familiar suficientemente feliz.

No entanto, durante um momento já difícil, quando meus pais se separaram e o negócio do meu marido teve alguns grandes insucessos financeiros, nosso amado cachorro repentinamente morreu. Meu coração ficou partido, algo que finalmente admiti graças a uma citação na introdução do livro *Favorite dog stories* (Histórias de cães favoritas, tradução livre) de James Herriot. Dizia assim: "Sempre se diz que embora um cão viva muitos anos maravilhosos e felizes, você sabe que um dia, o dia em que ele morrer, o seu coração vai partir."

Quando entendi que a dor de perder meu cachorro foi, na verdade, um desgosto, isso me ajudou a reconhecê-la em suas diversas manifestações, por várias vezes, naquele período da minha vida. Ainda não vejo aquele período com muito carinho, mas olho sim para trás, para esse período, com muito apreço. Por reconhecer que o meu coração estava partido naquele momento, sempre consigo ver os meios que Deus usou para curá-lo. Mesmo que a minha vida ainda mostre, de várias formas, algumas das cicatrizes daqueles anos, o Senhor não só me sustentou durante aquela dor, mas curou-me dela. Aperfeiçoou-me justamente por ter passado por tudo aquilo!

Creio que Deus fez isso por mim, porque me ama e porque acabei fazendo o que o salmista sugere no verso de hoje: ofereci a Deus o meu coração partido. E o Senhor, de modo algum, o rejeitou ou o "desprezou". Era como se Ele o segurasse em Suas mãos e o ajudasse a sarar.

Nenhuma de nós escapa de ter o coração ferido. Às vezes é o amor que o parte, com um relacionamento que deu errado. Às vezes é por causa da morte ou tragédia. Às vezes é algo localizado, familiar que parte nossos corações. Outras vezes, é causado por acontecimentos ou circunstâncias muito distantes.

Corações partidos sempre sofrem, e não os desejamos para as nossas vidas. E ainda assim, quando eles se partem e os oferecemos como um "sacrifício" a Deus, o grande Curador pode fazer milagres que dificilmente poderíamos imaginar.

Deus usou meu desgosto para tornar-me a mulher e a mãe que Ele precisava que eu fosse. Ter o meu coração partido o suavizou — e creio que o expandiu um pouco. O coração recém-curado se sente muito melhor do que o modelo antigo e "não partido".

Quando nos machucamos, quando nossos corações se partem, é preciso fazer mais do que oferecê-los como presentes a Deus, pedindo-lhe que nos cure no Seu tempo, mas também usar nossas feridas — e nossa experiência de cura — para o bem.

Oração

Deus, estou sofrendo. Meu coração está pesado e partido. Às vezes, não sei o que fazer com a minha dor. Mas peço que intervenhas e cures estas feridas. Ajuda-me na minha recuperação para que eu não esqueça o que é ferir, a fim de que possa usar a minha dor para o bem dos outros.

O que Deus diz? Leia Gênesis 50:20.

Você é definida por Deus

Salmo 69:7-9

...tenho suportado afrontas por amor de ti,
e o rosto se me encobre de vexame.
Tornei-me estranho a meus irmãos
e desconhecido aos filhos de minha mãe.
Pois o zelo da tua casa me consumiu,
e as injúrias dos que te ultrajam caem sobre mim.

Antes do início do Salmo 69, vemos uma pequena nota que diz que estas palavras foram escritas para serem cantadas de acordo com a melodia de "Lírios". Isto me alegra, embora provavelmente não devesse. Mas me alegro porque, embora não tenha a mínima ideia do que seja esta melodia — já que o lírio é uma flor bastante alegre e o seu surgimento seja um evento alegre — imagino que uma canção que tivesse este nome fosse animada. Uma melodia alegre para fazê-la se levantar e se mexer um pouco.

Imagino pessoas sorrindo e batendo palmas, rindo e balançando a cabeça enquanto "Lírios" é tocada.

Mas depois temos as palavras do Salmo 69. Este salmo é o próprio lamento. As palavras afundam os leitores diretamente na lagoa do lírio, na qual talvez Davi estivesse preso, quando o escreveu. Estava suportando zombaria e humilhação por seguir a Deus. Sua família pensava que ele estivesse fora de si por crer em Deus com tanto ardor. Imagino-os chamando-o de "tolo", "idiota", talvez "louco" por seguir o chamado de Deus em sua vida da forma que ele o fez. Davi era incompreensível para eles.

Você consegue se ver nisso? Não entendo a verdadeira perseguição, como a que vemos ao longo da história e que ainda acontece em todo o mundo — com torturas por se amar a Jesus. No entanto, sei um pouco sobre zombaria.

A minha família — apesar de ser cristã — às vezes achava que eu era meio doida por optar por um trabalho de baixa remuneração em uma editora cristã sem fins lucrativos em vez de perseguir opções "seculares" mais vantajosas. Minha família questiona a nossa decisão de abrir mão de férias e carros novos para que nossos filhos estudem numa escola cristã. Questionam o porquê de eu escolher contar algumas das histórias que conto quando escrevo: "Será que não percebo como eu poderia envergonhar a mim e a eles?"

Às vezes as escolhas que fazemos para ser a mulher que Deus está nos chamando não fazem sentido para as nossas famílias, amigos ou vizinhos. E muitas vezes, estas pessoas estão dispostas a nos dizer que aquilo não parece lógico!

Estes são os momentos em que me pego questionando as minhas escolhas — tentando descobrir mais uma vez quem sou e o que deveria fazer. Mas sempre volto a este ponto: somos definidas por Deus. E por ninguém mais. Não importa o quanto essas pessoas sejam importantes para nós. O que importa na vida — como usamos os nossos dons, nosso tempo e nossos relacionamentos — é que estejamos fazendo o que Deus nos chamou para fazer. Mesmo que pareça uma completa tolice. E embora enfrentar a zombaria dos outros nunca seja agradável, vivenciar a jornada na qual Deus nos colocou é prazeroso, gratificante, abençoado, cheio de tesouros inesperados. Então talvez a melodia "Lírios" seja realmente uma música feliz. Porque talvez Davi soubesse que por mais difícil que fosse a vida para ele naquele momento, por mais difícil que fosse enfrentar a zombaria daqueles que amava, quando seguimos a Deus sempre vale a pena se levantar e dançar.

Conhecida e amada

Oração

Deus, as pessoas nem sempre respeitam as escolhas que faço para minha vida ou para a minha família. Alguns pensam que sou boba por tomar decisões com as quais acredito que te honro, mas isso vai contra o que a nossa cultura acha que deve ser feito. Ajuda-me a ignorar as vozes daqueles que não entendem e a buscar apenas a Tua aprovação.

O que Deus diz? Leia 1 Timóteo 4:12-15.

Você foi redimida

Salmo 103:2-5

Bendize, ó minha alma, ao SENHOR,
e não te esqueças de nem um só de seus benefícios.
Ele é quem perdoa todas as tuas iniquidades;
quem sara todas as tuas enfermidades;
quem da cova redime a tua vida e te coroa de graça e misericórdia.

"Deus não desperdiça nada, e nós não deveríamos desperdiçar também", disse uma amiga enquanto juntava os cerais matinais caídos sobre a mesa para colocá-los de volta na caixa.

Apesar de concordar internamente com ela, disse-lhe que achava que tinha dado os meus farelos para o meu cão. A mesa da minha amiga, por outro lado, também estava muito mais limpa do que a minha fica na maioria dos dias.

Mas ela sabia que, com um bando de crianças em idade pré-escolar em casa — cada um aprendendo a servir o seu próprio cereal e, aos poucos, a cuidar de suas próprias necessidades — haveria acidentes. Haveria comida derramada. Nada deveria ser desperdiçado, nem o que foi derramado nem a lição em si.

Bom conselho. Principalmente considerando que ela estava absolutamente certa a respeito de Deus não desperdiçar nada. Cometemos muitos erros, derramamos muito cereal na mesa, por exemplo. E Deus não desperdiça nada disso. Nem mesmo joga aos cachorrinhos (bem, talvez Ele o faça. Creio que Deus também ama os cães).

Nosso Deus é redentor. Ele não nos deixa desamparadas em nossos infortúnios. Desde o primeiro momento em que Adão e Eva pecaram,

Conhecida e amada

Deus tinha um plano em andamento para resgatar a humanidade deste erro desastroso. E ao longo de cada momento da história da humanidade — desde a queda até Jesus, e a nós atualmente — Deus tem trabalhado por intermédio de Seu povo para resgatar o mundo e usa os nossos erros para a Sua glória.

Como isso é maravilhoso! É tão libertador saber que quando erramos — e todas erramos — não só somos perdoadas, mas Deus também pode usar os nossos erros, até mesmo os nossos pecados mais profundos, e transformá-los a nosso favor. Isso não significa que não vamos enfrentar as consequências de nossas ações, mas que Deus pode usá-las para o bem. Talvez para nos ensinar, para nos dar uma maior empatia, para acender uma nova paixão. Não sabemos como Ele usará nossas falhas, como remirá nossos pecados, mas sabemos que se nós o buscarmos e lhe pedirmos, Ele o fará.

Oração

Deus, obrigada por transformar os meus erros, por remi-los, e por não desperdiçá-los. Obrigada por usar absolutamente tudo em minha vida como uma oportunidade para aprender mais sobre ti e a maneira como queres que eu viva. Obrigada porque, caminhando na fé, não tenho que temer errar, porque sei que tu me chamaste pelo nome e me redimiste.

O que Deus diz? Leia Isaías 43:1.

Você recebeu uma segunda chance
Salmo 25:7

Não te lembres dos meus pecados da mocidade,
nem das minhas transgressões.
Lembra-te de mim, segundo a tua misericórdia,
por causa da tua bondade, ó Senhor.

Sei que não sou a única que, ano a ano, anseia pela chegada de fevereiro. Embora ame a preguiça, do calor, ficar até mais tarde na varanda, e as praias no tempo de verão, todos os anos, em janeiro, eu começo a me coçar para que fevereiro chegue.

Não só porque os meus filhos estão começando a irritar uns aos outros e eu a ficar ansiosa por algum tempo sozinha em minha própria casa. As mães que anseiam por fevereiro, pela mudança na estação e aquele cheiro fresco no ar, estão, na realidade, ansiosas pela oportunidade de recomeço que este mês oferece. A maioria de nós teve por tanto tempo a marca do ano letivo, de fevereiro a novembro, em nossa vida, que a temporada de volta às aulas ainda significa um começar de novo, muito mais do que o próprio Ano Novo.

Mesmo que retornássemos à escola que frequentamos no ano anterior, cada novo ano, cada nova série, cada nova classe significaria uma segunda chance para, talvez, melhorar um pouco o desempenho nas provas, para ler mais, praticar mais, para conseguir entrar no time, para encontrar uma melhor amiga.

Durante a novidade de um novo ano escolar percebemos que os novos começos e as segundas chances estão entre os grandes luxos da vida. E são estes os luxos que Deus nos oferece a cada dia ou a cada vez que nos voltamos a Ele.

A beleza de uma vida com Deus — seguindo-o, amando-o e sendo amada por Ele — é que a Sua graça por meio de Jesus Cristo nos oferece oportunidades de um novo começo. Embora ainda tenhamos de enfrentar as consequências de erros ou pecados cometidos, quando pedimos a Jesus que nos perdoe, esses pecados se vão. Ficamos com a "ficha limpa". Pecados permanentemente apagados de nossos registros. Deus não os vê mais. E, do mesmo modo, não devemos nos concentrar neles.

É fácil ficarmos aprisionadas nos lembrando de como erramos, especialmente quando nos tornamos mães. Muitas de nós voltam aos erros cometidos bem antes de termos filhos, sentimos a culpa dos pecados cometidos antes de termos o entendimento. Há algo sobre a responsabilidade da maternidade — provavelmente o estresse que a acompanha — que traz à luz todos os nossos erros, e à mente os nossos "pecados da juventude", bem como a nossa "rebeldia", como diz o salmista.

Mas Deus não quer que nos lembremos destes pecados todos os dias. Não quer que criemos nossos filhos com os olhos voltados aos erros do passado. Se seguirmos a Deus e estivermos buscando o Seu perdão por intermédio de Jesus Cristo, o Senhor fará com que vivamos a segunda chance que Ele nos dá toda vez que buscamos a Sua graça. Ele quer que vivamos com a certeza de que nossos pecados foram apagados do Seu conceito a nosso respeito quando Jesus Cristo morreu na cruz para nos salvar. Quando pedimos perdão, Deus olha para nós e não mais vê o nosso pecado. Vê somente Suas filhas amadas. E esse é um porto seguro para exercermos a maternidade — como mulheres que pecam — mas a quem Deus ama o suficiente para sempre lhes dar uma nova chance, um novo começo.

Oração

Deus, muito obrigada por novos começos e segundas chances. Obrigada por Tuas misericórdias renovadas que me alcançam todos os dias. E assim como vivo no conforto de Tua graça, me ajuda a estender a Tua graça aos que me rodeiam.

O que Deus diz? Leia Lamentações 3:22,23.

Parte 8

Você é digna

Cantai ao Senhor um cântico novo,
porque ele tem feito maravilhas;
a sua destra e o seu braço santo lhe alcançaram a vitória.
O Senhor fez notória a sua salvação;
manifestou a sua justiça perante os olhos das nações.

Lembrou-se da sua misericórdia
e da sua fidelidade para com a casa de Israel;
todos os confins da terra viram a salvação do nosso Deus.
Celebrai com júbilo ao Senhor, todos os confins da terra;
aclamai, regozijai-vos e cantai louvores.

Cantai com harpa louvores ao Senhor, com harpa e voz de canto;
com trombetas e ao som de buzinas,
exultai perante o Senhor, que é rei.
Ruja o mar e a sua plenitude, o mundo e os que nele habitam.

Os rios batam palmas, e juntos cantem de júbilo os montes,
na presença do Senhor, porque ele vem julgar a terra;
julgará o mundo com justiça e os povos, com equidade.

Salmo 98

Conhecida e amada

Você é digna de atenção

Salmo 11:4

*O Senhor está no seu santo templo;
nos céus tem o Senhor seu trono;
os seus olhos estão atentos,
as suas pálpebras sondam os filhos dos homens.*

Amo a história de "Zaqueu, o cobrador de impostos" desde pequena. É minha favorita por muitos motivos. Gosto do fato de ele ter subido numa figueira. Imagino-o comendo um figo, enquanto olhava ao redor, à procura de Jesus. E amo demais o momento em que Jesus o vê, chama-o pelo nome, e se convida para jantar na casa dele.

Esta atitude é clássica de Jesus. Em uma frase, Ele consegue horrorizar aqueles que estão ao Seu redor (jantar com um cobrador de impostos?) e também transformar totalmente a trajetória de vida de um homem. Este ato de Jesus me encanta por algumas razões. Primeiramente, porque ao se convidar para jantar na casa de Zaqueu, Cristo mais uma vez declara que a Sua mensagem, amor, graça, poder de cura, Seu tudo se estendia até mesmo ao "pior" dos pecadores, o mais odiado e desprezado — e naquele tempo nada poderia ser pior do que cobrar impostos. Mas, além disso, amo Jesus porque ao se convidar para jantar — o que implicaria investimento em tempo para comer e conversar — o Senhor declarou na frente de uma atônita multidão de testemunhas que Zaqueu merecia ser conhecido melhor.

Este cobrador de impostos não era só o estereótipo do vilão rejeitado por todos. Era um homem complexo — pecador, com certeza, mas amado por Deus e digno de receber atenção.

Houve um tempo em que me sentia presa ao "estereótipo de mãe", sentia que ninguém me conhecia de verdade, pois, afinal, eu era uma mãe. Todo mundo sabe o que é ser uma mãe, certo? De acordo com muitas pessoas, todas votamos igual, pensamos igual, compramos a mesma marca de achocolatado — isto é, se formos "exigentes".

Num mundo, onde as pessoas adoram rotular e fazer julgamentos apressados a respeito de todos, e ao mesmo tempo se sentir tão solitárias quando elas próprias são alvo disso tudo, acho que é muito revigorante saber que Jesus não vê as pessoas como o mundo as vê. Deus não nos olha como estereótipos ou caricaturas. Quando o Senhor "sonda os filhos dos homens", e quando "seus olhos estão atentos", como diz o salmo de hoje, Ele nos vê como pessoas individuais — com diferentes personalidades, interesses, paixões, ideias, amores, sentimentos, sonhos, desejos. Deus nos vê como mulheres dignas de ter um tempo juntos à mesa, dignas de sermos conhecidas.

Oração

Deus, obrigada por me conhecer por dentro e por fora. Obrigada por conhecer as minhas manias e por ajudar a me purificar dos meus defeitos. Obrigada por se empenhar em me conhecer como a mulher que sou.

O que Deus diz? Leia o Salmo 139:1-3.

Conhecida e amada

Você é digna de ser amada

Salmo 98:3

*Lembrou-se da sua misericórdia e da sua fidelidade
para com a casa de Israel;
todos os confins da terra viram a salvação do nosso Deus.*

Suas palavras saíram rápido — como se estivessem prontas e esperando em sua mente por muitos anos, antes que ela tivesse a coragem de pronunciá-las: "Acho que não sou digna de ser amada."

Tentei convencê-la de que não era verdade, lembrei-lhe do quanto os seus filhos a amavam. Mas ela prosseguiu e esclareceu. Sim, Kátia sabia que seus filhos a amavam. Sabia que seus amigos a amavam ou pelo menos se preocupavam com ela, mas quando se tratava de ser amada por homens o suficiente para que algum deles permanecesse com ela, ou de sentir o amor e o apoio de seus pais, aceitara que isso não aconteceria em sua vida. Concluíra que não merecia amor.

Nunca mais a vi depois de nossa conversa. Ela me confidenciou seu segredo, assim como muitas outras pessoas, depois de eu ter falado no seu grupo de MOPS. Às vezes é mais seguro compartilhar nossas dores secretas com estranhos do que com os amigos. Mas suas palavras ainda me assombram, pois Kátia acreditava profundamente nelas. E sei que ela não é a única que já se sentiu assim.

A maternidade pode nos levar a refletir sobre o amor que sentimos ou não por nós mesmas — pelo fato de experimentarmos a profundidade do amor que sentimos por nossos filhos. Aquelas que são abençoadas reconhecem a profundidade do amor que seus pais lhes demonstraram. Outras se apegam ao amor de seus maridos. Mas algumas são impactadas com a percepção de que nunca conheceram o tipo de amor que desejavam. Ou que nunca foram amadas de verdade. Outras ainda, encontraram o amor, mas o perderam.

Não importa qual tenha sido nossa experiência nesta área, com certeza todas podemos nos identificar um pouco com Kátia. Por vezes, nos perguntamos se realmente merecemos ser amadas.

Se basearmos a resposta a essa pergunta no amor humano, mesmo aquelas que já sentiram o amor verdadeiro, real e profundo em suas vidas ficarão na dúvida. Mas se o basearmos em como somos vistas por Deus, nunca precisaremos pensar duas vezes.

Deus nos ama. Ele sempre nos amou. Sempre nos amará. E se Deus — o Rei do universo, o Senhor da criação, nosso Salvador e Redentor — nos ama, então somos dignas. Dignas de amor, de sermos amadas.

Oração

Deus, às vezes me sinto tão "não amada", tão indigna do amor de alguém, quanto mais do Teu amor. Mas penso em como amo os meus filhos — independentemente do quanto eles aprontam — e entendo como tu me amas. Obrigada por me amares mesmo quando não sou digna de ser amada. Obrigada por me declarares digna do Teu maravilhoso amor e misericórdia.

O que Deus diz? Leia Sofonias 3:17.

Conhecida e amada

Você é digna de respeito

Salmo 78:1-4

Escutai, povo meu, a minha lei;
prestai ouvidos às palavras da minha boca.
Abrirei os lábios em parábolas
e publicarei enigmas dos tempos antigos.
O que ouvimos e aprendemos, o que nos contaram nossos pais,
não o encobriremos a seus filhos;
contaremos à vindoura geração os louvores do SENHOR,
e o seu poder, e as maravilhas que fez.

Durante uma campanha política recente, um candidato local acusou outro de ser misógino. Há mais ou menos vinte anos o candidato dissera: "Não precisamos de donas de casa na Câmara Estadual."

As mães, quer sejam ou não classificadas de "dona de casa", tendem a não obter as maiores manifestações de respeito. Não que as pessoas não valorizem seu trabalho, elas o valorizam sim. E não que as pessoas não amem as mães, elas as amam.

Mas quando se trata, por exemplo, de questões que envolvam a mente, se as pessoas pensarem em nós primeiramente como mães, a maioria suporá que não estamos à altura da tarefa. Acho que é por isso que este político fez este comentário horrível. Somos sentimentais. Ao contrário de advogados ou políticos.

Embora todas saibamos que ser mãe não nos faz bobas ou incapazes de lidar com os problemas do mundo (porque as nossas mentes funcionam maravilhosamente), a verdade é esta: quanto mais ouvirmos palavras que minimizam as contribuições de uma mãe, mais estes sentimentos serão internalizados, a não ser que experimentemos o respeito que merecemos. Não por sermos gênios, ou mesmo mães, mas por sermos seres humanos.

Todas nós somos dignas de respeito, não importa onde estejamos ou o que façamos. Não por causa de algo que tenhamos feito, mas por causa do que Deus fez quando nos criou. Ele deu a cada uma de nós dignidade, que penetra profundamente em nossos dons e talentos, em nossa personalidade, em cada fibra do nosso ser que faz com que sejamos... nós.

Assim, embora o mundo possa, por vezes, desdenhar de nós e de nossas mentes de "mãe", lembre-se de que Deus não faz tal coisa. O salmista sabia disso quando escreveu: "Escutai, povo meu, a minha lei; prestai ouvidos às palavras da minha boca. Abrirei os lábios em parábolas e publicarei enigmas dos tempos antigos."

Todas temos "enigmas" que Deus nos deu para compartilhar com o mundo, seja por palavras ou ações. Todas temos algo especial para trazermos a este mundo, algo que deixa a marca que Deus planejou. Deus espera que deixemos essas marcas. O que você está esperando?

Oração

Deus, apesar de não estar esperando admiração indevida, estou tão cansada de pessoas que me olham com desdém por ser mãe, que diminuem a minha pessoa e a minha mente pelo simples fato de eu ter filhos. Ajuda-me a ignorar as observações pejorativas e a viver a verdade de que não importa como o mundo me vê ou vê a minha função na sociedade, tu me amas e me valorizas.

O que Deus diz? Leia Provérbios 31.

Conhecida e amada

Você merece estabelecer limites

Salmo 74:15-17

Tu abriste fontes e ribeiros; secaste rios caudalosos.
Teu é o dia; tua, também, a noite; a luz e o sol, tu os formaste.
Fixaste os confins da terra; verão e inverno, tu os fizeste.

Minha vida como mãe que trabalha em casa, na maioria dos dias, é bem feliz. Tenho consciência do privilégio que desfruto ao poder fazer algumas das coisas que amo em termos profissionais — escrever, editar, falar e incentivar — e ainda estar no lugar onde consigo fazer outra coisa que também amo da minha vida pessoal: criar meus filhos.

Porém, esta combinação traz um grande desafio: muitas vezes fico sem delimitações. Cada parte — a remunerada, a de voluntariado, a de mãe, a de esposa — entra em choque com a outra. Todas giram e se misturam. Às vezes, um belo e extraordinário desenho se forma a partir deste cenário. Mas várias vezes — na verdade, na maioria deles — os redemoinhos e as misturas da minha vida acabam se assemelhando mais a um monte de tintas derramadas. Uma grande confusão.

Sem nenhuma definição de espaço, tempo e limites, a minha rotina pode ficar confusa e estressante, para todos que fazem parte dela. Embora eu tenha reconhecido logo este problema da minha vida como mãe, mulher, escritora, palestrante, editora — sinceramente, achava que deveria ser tão abençoada por conseguir ter cada uma dessas funções como parte da minha vida, por conseguir fazer tudo isso usando o mínimo possível dos serviços da creche, que comecei a acreditar que não tinha o direito de estabelecer limites, de criar alguma regra. Como estava enganada!

Desde o começo da Bíblia — na história da criação — vemos Deus estabelecendo limites. Ele criou o dia e a noite, o céu e a terra, a água e a terra, os peixes e as aves, os homens e as mulheres. E criou seis dias para o trabalho e um para o descanso. De fato, com a criação do *Sabbath* — o dia de descanso — vemos que até mesmo Deus tem limites. O Senhor fez um tempo para descansar — um limite em sua vida infinita.

O salmista nos diz que Deus "fixou os confins da terra" e cita a criação de estações como um exemplo disso. Se o Senhor criou esta Terra para ter limites, isso significa que nossa vida foi criada para ter limites também. Assim como estabelecemos regras como limites para as nossas famílias e nossos filhos, devemos fazê-lo para nós mesmas.

Precisamos de limites — talvez para que tenhamos tempo para nós mesmas, para o trabalho, para Deus, para passatempos, para exercícios. Deus nos criou assim. Assim como cercas demandam certo trabalho para serem colocadas em um quintal, estabelecer limites pessoais exigirá algum esforço. Talvez seja encontrar opções criativas de onde e com quem deixar suas crianças. Ou técnicas de disciplina para reforçar os limites, ou simplesmente descobrir aquele DVD especial que pode colocar para ocupar seus filhos e que lhe dê tempo para si mesma. Definitivamente, isso significa o árduo trabalho de aprender a dizer "não" — a nossos filhos, nossas igrejas, ao nosso trabalho, aos nossos parentes — sempre que estes tentarem cruzar esta fronteira. Viver com limites nem sempre é o mais fácil, mas sempre vale a pena. Deus nos deu limites, e nós somos dignas de fazer bom uso deles.

Oração

Deus, sou grata pelas várias funções que desempenho em minha vida. Sou grata por tu me colocares em uma posição de ser muitas coisas para muitas pessoas e usar meus talentos de várias maneiras.

Conhecida e amada

Mas, Deus, às vezes tenho dificuldade em dizer "não" e manter limites saudáveis. Por favor, ajuda-me a desenhar fronteiras para separar tempo para mim, para minha família e para ti.

O que Deus diz? Leia Marcos 1:35; 14:32-34.

Você merece se aquietar

Salmo 46:10

*Aquietai-vos e sabei que eu sou Deus;
sou exaltado entre as nações, sou exaltado na terra.*

"Mamãe, você pode me ajudar a encontrar meus sapatos?"
"Você procurou no seu quarto?"
"Você pode procurar no meu quarto? Você está sentada aí sem fazer nada."

Assim foi a conversa com o meu filho Henrique antes que a família saísse para a igreja no último domingo. Ele estava certo. Eu estava sentada no sofá sem fazer nada. Não foi porque estivesse errado que fiquei brava. Foi sua dedução de que era melhor eu vasculhar a casa atrás dos sapatos que ele não havia guardado, para que ele pudesse se sentar no sofá sem fazer nada.

Henrique tem 10 anos — por isso, embora eu o tenha feito procurar seus sapatos, não posso culpá-lo muito por pensar desta forma. Para uma criança, é função da mãe ajudá-los, certo? Creio que isto é bom — e justo. Quase sempre me alegro em ajudar os meus filhos — correr em seu auxílio, dar-lhes uma mãozinha, fazer o que for. Mas estou sempre tentando incutir-lhes que embora fique feliz em ajudá-los, não sou a ajuda em pessoa. Não sou sua serva pessoal, que fica esperando que batam palmas e ordenem o próximo desejo a ser cumprido. E tento ensinar-lhes que a mamãe precisa, às vezes, se sentar sem fazer nada.

Em meio da minha vida corrida, preciso de tempo para silenciar. E você também. Precisamos disto física, emocional e espiritualmente.

Conhecida e amada

Nosso corpo, mente e alma, todos precisam se aquietar de vez em quando. Tudo ao mesmo tempo! Mas quantas vezes nos esquecemos disso. Mesmo que nos permitamos descansar um minuto durante o dia, muitas vezes nossos cérebros e almas continuam a todo vapor.

A ideia de se aquietar vai além de simplesmente parar. Quietude não se trata de relaxar no sofá, assistir TV ou navegar no *Facebook*. "Aquietai-vos e sabei que eu sou Deus", como lemos no salmo de hoje, se refere mais a se desligar, de certa forma, do que está ao nosso redor. Mesmo que apenas por alguns momentos.

Quietude é tempo para "ser". Aprender a se aquietar significa aprender a relaxar o corpo, acalmar nossa mente e abrir nossa alma — dizer não às preocupações habituais ou agitações que teimam em aparecer, mas dizer sim ao Espírito Santo.

Aquietar-se e saber que Deus é Deus não está escrito como sugestão. É uma ordem. Não é porque Deus queira ser mandão, mas porque Ele nos ama o suficiente para declarar-nos merecedores de conhecer o Todo-Poderoso. Por isso, somos merecedoras de tempo para nos aquietar e conhecermos a Deus. Quer nossos filhos precisem de ajuda para encontrar os sapatos, ou não.

Oração

Deus, sinto a vida me apressando. Anseio por paz, mas não consigo encontrá-la. Ajuda-me a ficar quieta. Acalma-me, para que eu possa conhecer-te melhor.

O que Deus diz? Leia o Salmo 23.

Parte 9

Você é amada por Deus

Salmo de Davi

O Senhor é o meu pastor; nada me faltará.
Ele me faz repousar em pastos verdejantes.
Leva-me para junto das águas de descanso;
refrigera-me a alma.

Guia-me pelas veredas da justiça por amor do seu nome.
Ainda que eu ande pelo vale da sombra da morte,
não temerei mal nenhum, porque tu estás comigo;
o teu bordão e o teu cajado me consolam.

Preparas-me uma mesa na presença dos meus adversários,
unges-me a cabeça com óleo; o meu cálice transborda.
Bondade e misericórdia certamente
me seguirão todos os dias da minha vida;
e habitarei na Casa do Senhor para todo o sempre.

SALMO 23

Conhecida e amada

Você é a menina dos olhos de Deus

Salmo 17:7,8

*Mostra as maravilhas da tua bondade,
ó Salvador dos que à tua destra buscam refúgio
dos que se levantam contra eles.
Guarda-me como a menina dos olhos,
esconde-me à sombra das tuas asas.*

Por meio das palavras de Davi nos salmos, lemos sobre seu amor, sua raiva, seus medos, seus louvores, suas inseguranças, e sua arrogância sendo colocada diante de Deus. Como Donald Miller (autor cristão contemporâneo) disse, é uma aproximação "sem medo". Especialmente considerando que muitas pessoas pensam ser necessário falar com Deus formal e artificialmente. Ou ainda que precisamos esconder nossos sentimentos ou pensamos sobre o Senhor, como se Ele não pudesse ver o que está em nossas mentes e corações.

Pergunto-me se essa falta de medo em trazer o seu amor, raiva, e todos as outras coisas diante de Deus, é o que fez Davi tão especial e amado por Deus. No salmo de hoje, o rei refere a si mesmo como sendo a menina dos olhos de Deus — um termo que significa que alguém é muito apreciado e benquisto pelo outro, alguém por quem se faria qualquer coisa.

É claro que Davi não é a única menina dos olhos de Deus. O termo é usado em outras passagens das Escrituras, referindo-se a outras pessoas. Em Zacarias 2:8, Deus fala a todo Israel: "...Para obter ele a glória, enviou-me às nações que vos despojaram; porque aquele que tocar em vós toca na menina do seu olho".

A menina dos olhos de Deus é o Seu povo. Isto é boa notícia para nós! Por meio da graça e amor de Jesus Cristo, podemos reivindicar essa honra também. Isso é algo realmente maravilhoso. O Senhor de toda criação olha para você e para mim e nos vê como Suas preciosidades, aqueles a quem Ele ama, aqueles por quem Ele faria qualquer coisa.

Você é a menina dos olhos de Deus. Ele a ama. Pense no que isso significa: não importa o que esteja sentindo ou pensando, não importa se está alegre ou desapontada, confiante ou assustada, se está de bem com a vida ou um pouco cansada, coloque isso diante de Deus. Ele fará qualquer coisa por você. Por intermédio do sacrifício de Jesus Cristo na cruz, Ele já fez tudo por você, a menina dos Seus olhos.

Oração

Deus, como é emocionante imaginar que tu nunca tiras os olhos de mim. Quão maravilhoso é viver sabendo que não existe lugar onde eu vá ou algo que possa fazer, que tu não vejas e onde Teus olhos cuidadosos e amorosos não observem. Obrigada por Teu amor bondoso, que me guarda como a menina de Teus olhos.

O que Deus diz? Leia 1 João 3:1.

Você é favorecida

Salmo 30:5

Porque não passa de um momento a sua ira;
o seu favor dura a vida inteira.
Ao anoitecer, pode vir o choro,
mas a alegria vem pela manhã.

Uma colega recentemente compartilhou notícias empolgantes. "Depois de muito tempo dizendo 'não'", ela escreveu, "Deus disse 'sim'". Então contou o que o Senhor estava, aparentemente, preparando para sua família.

Suas palavras não poderiam ter sido mais apropriadas para o momento em que eu estava. Era exatamente o que precisava ouvir durante um tempo em que Deus parecia estar falando "não" para todos os meus pedidos. Minha família parecia estar num empasse durante aquela terrível temporada de espera — algumas vezes até indo ao pó, das quais Davi fala no Salmo 30:9. Perguntava-me se tínhamos feito alguma coisa para merecer aquilo, ou se estávamos sendo punidos por Deus. Talvez essa era a razão pela qual, aparentemente, Ele estava nos deixando como em suspenso.

Mas a perspectiva da minha amiga — acrescentando ainda em um *email* posterior que cria que o "não" de Deus criara espaço para receber o grande "sim" — ecoou um princípio percebido ao longo de todas as Escrituras e da vida daqueles que permaneceram fiéis. Muitas vezes Deus diz "não", e nós presumimos o pior; é difícil acreditarmos que Deus continua a ter boas intenções e planos para nós.

Até mesmo Davi se sentiu assim. Ele escreve no Salmo 30:6,7: "Quanto a mim, dizia eu na minha prosperidade: jamais serei abalado. Tu, SENHOR, por teu favor fizeste permanecer forte a minha montanha; apenas voltaste o rosto, fiquei logo conturbado." Davi se sentiu desse jeito pelos mesmos motivos que todas nós: porque não sabemos o que Deus está preparando. Geralmente não compreendemos, e nem conseguimos compreender, o que significam "Seus caminhos", como gostamos de dizer. Quando somos confrontadas com o "não" de Deus ficamos desesperadas. Perguntamo-nos se Deus não está tomando algumas decisões erradas.

Contudo, Davi entendeu que mesmo que pareça que Deus esteja irado e retendo Sua mão a favor de nós, esse tempo não durará muito. Quando passarmos pelas noites mais difíceis, ainda assim, a alegria virá pela manhã. Davi sabia disso por causa de suas experiências com Deus — por perceber que era favorecido pelo Senhor.

Assim como Davi, somos favorecidas por Deus. Mesmo que achemos que ser "estimada" significa que somos preferidas a todos os outros, o verdadeiro sentido não é de que Deus nos ama mais do que ama os outros, mas que Ele nos escolhe, nos favorece para realidades especiais (Davi era privilegiado por ser o rei de Israel; você foi privilegiada por ser a mãe dos seus filhos) e nos dá privilégios.

Amo buscar entender o que significam os privilégios concedidos por Deus. Um favor, é claro, pode significar um ato de gentileza ou lembretes de amor e apreciação ou nossa aprovação. Quão maravilhoso é saber que Deus nos favorece e nos privilegia — que nos aprova, que tem atos gentis para conosco e que nos presenteia com lembretes de amor.

Somos privilegiadas por Deus. O tempo todo. Ainda que esteja muito difícil e pareça que Deus nos tenha virado às costas — e nos dito muitos "nãos" — O Senhor nos favorece. Minha amiga aprendeu que até o "não" de Deus por tantos anos foi sinal e privilégio dele. Sendo que, em todos aquelas negativas, o Senhor os estava protegendo ou preparando como família; cuidando deles por Seu favor.

Conhecida e amada

Oração

Deus, me ajuda a reconhecer o Teu favor sobre a minha vida — não importa em que forma ele se manifeste. Ajuda-me a confiar profundamente que tens o melhor em mente para a minha vida — mesmo quando as respostas não forem o que espero.

O que Deus diz? Leia Lucas 11:11.

Você é procurada e bem-vinda

Salmo 23:6

*Bondade e misericórdia certamente me seguirão
todos os dias da minha vida;
e habitarei na Casa do S<small>ENHOR</small> para todo o sempre.*

"Está bem ali."
"Onde?"
"Ali. Vire-se para o outro lado."

Quantas vezes você já teve uma conversa assim com seus filhos? Acho que todas passamos por isso — ou uma variante — todos os dias em nossa casa (principalmente se incluir meu marido e suas conversas do tipo "Você viu minhas chaves?"). Mas posso garantir que, com os meus filhos, temos essa conversa pelo menos todas as manhãs, enquanto nos preparamos para ir à escola.

"Sua tarefa da escola? Está aí ao seu lado."
"Seus sapatos? No chão, bem à sua frente."
"O lanche? Está dentro da sua mochila."
"Querido, você só precisa olhar."

Pensei nestas conversas quando li as famosas palavras do Salmo 23: "Bondade e misericórdia certamente me seguirão todos os dias da minha vida". Imagino Davi andando pelos lugares que descreveu nesta poesia — "verdes pastos", "águas tranquilas", "veredas da justiça", "o vale da sombra da morte" e a mesa do banquete na presença dos seus inimigos. Em cada lugar — quer nos pastos verdejantes quer no vale assustador, imagino o jovem olhando ao seu redor e percebendo a

Conhecida e amada

bondade e o amor de Deus, bem ao seu lado, perto de si. "Certamente", Davi escreve. Ele estava certo de que o favor do Senhor o seguia todos os dias. Não importava aonde ele fosse. Não importava o que tinha que fazer. Isso é fantástico!

Amo o fato de Davi nos revelar uma verdade incrível e confiável, especialmente durante os tempos em que é difícil perceber a bondade de Deus ou quando estamos incertos sobre o Seu amor. Não importa onde estivermos ou para onde iremos, não importa o que tivermos que fazer, o amor e a bondade de Deus nos seguirão. Estarão ao nosso lado, nos confortando!

Davi pôde declarar essas verdades porque parou e olhou ao seu redor. Separou um tempo específico para perceber a presença de Deus. Precisamos fazer o mesmo.

Muitas vezes nos envolvemos nas correrias de última hora ou nos estressamos com o que ainda está por vir, e falhamos em olhar em volta, falhamos em ver o que está bem à nossa frente.

As palavras de Davi são um amável lembrete para que façamos o que ele fez. Quer estejamos vivendo os momentos mais felizes ou atravessando terrenos assustadores e difíceis, se buscarmos o amor e a bondade de Deus, nós a acharemos. Ele já está nos procurando. O Senhor está conosco, esperando que olhemos ao nosso redor e percebamos Sua presença. Cada lugar. Cada novo dia.

Oração

Deus, obrigada por distribuíres sinais de Tua bondade e fidelidade por todo o mundo e por toda minha vida. Por favor, me ajuda a perceber Tua presença em todos os lugares — e, com louvores, responder a ela.

O que Deus diz? Leia Mateus 7:7.

Você é escolhida

Salmo 65:4

Bem-aventurado aquele a quem escolhes e aproximas de ti, para que assista nos teus átrios; ficaremos satisfeitos com a bondade de tua casa — o teu santo templo.

O meu chefe sempre contava uma história sobre sua resposta ao *bullying* que sofreu por ser filho adotivo em seus anos de escola. Quando as provocações começavam, ele, apontando o dedo, dizia "Bom, pelo menos sei que meus pais me quiseram. Eu fui escolhido."

Não estou certa de que recomendaria essa resposta, mas tenho que admitir que, cada vez que o ouvi contando essa história, eu sorria com sinceridade. O que ele dizia estava completamente certo. Enquanto as provocações tentavam atormentá-lo com o fato de que alguém o dera para adoção, ele se refugiava nesta maravilhosa verdade: alguém o escolhera.

Nada se compara a ser escolhido. Pergunte àqueles que sempre foram deixados de lado, que nunca se sentiram incluídos ou considerados. Todos já experimentamos isso em certa medida, certamente na infância, e mesmo na vida adulta

Então aqui está o que é tão grande acerca de Deus: Ele nos escolheu. Você é escolhida. Ao enviar Seu Filho para morrer na cruz, pagando o preço por nosso pecado, Deus olhou para você, para mim, para nossas famílias e amigos, e, essencialmente, disse: "Eu escolhi você para ser parte do meu time, da minha família, para viver comigo, eternamente." É claro, é nossa responsabilidade aceitarmos ou não essa oferta, esse presente. Mas nunca poderemos dizer que Deus não nos quis. Ele nos quer.

Considerando toda a rejeição que a vida nos traz — quer seja a forma como nos julgam pela maneira como exercemos nossa maternidade ou pelas escolhas da nossa família, ou as críticas recebidas em nosso trabalho ou voluntariado, ou ainda, o sentimento de nunca pertencer ou se encaixar em algum lugar — é tão confortante saber que o Senhor nos ama tanto, a ponto de nos escolher para sermos suas para sempre. Com Deus, nunca precisamos questionar se somos realmente queridas, se pertencemos a Ele. Não importa o que façamos, pertencemos a Deus — graças àquilo que Ele já fez por nós.

Além disso, o salmista diz que somos bem-aventuradas em sermos escolhidas, que somos preenchidas com a bondade divina. Porque quando o Senhor nos escolhe, Ele não nos deixa à deriva. Ele nos escolheu para estarmos com Ele, mas também para que façamos Sua vontade na Terra — e com isto nos concede Seu amor e cuidado. Não acredito que isso signifique um banho de dinheiro, fama ou qualquer benção terrena. Mas, quando vivermos para aquilo que Ele nos criou, encontraremos as bênçãos em sermos escolhidas e poderemos experimentar o amor Deus.

Oração

Pai, não ando por aí dizendo "Deus me escolheu!", mas talvez devesse. Essa é uma verdade incrível! Obrigada por me escolheres como mãe dos meus filhos, por me equipares com dons e talentos para fazer a diferença no mundo, e por me chamares para pertecer a ti.

O que Deus diz? Leia 1 Pedro 2:9.

Você é sustentada

Salmo 104:10-15

*Tu fazes rebentar fontes no vale, cujas águas correm entre os montes;
dão de beber a todos os animais do campo;
os jumentos selvagens matam a sua sede.
Junto delas têm as aves do céu o seu pouso e,
por entre a ramagem, desferem o seu canto.
Do alto de tua morada, regas os montes;
a terra farta-se do fruto de tuas obras.
Fazes crescer a relva para os animais e as plantas,
para o serviço do homem, de sorte que da terra tire o seu pão*

Certa vez, estava lendo a *Oração do Senhor*, e, quando cheguei na parte "O pão nosso de cada dia dá-nos hoje", tive que me esforçar para imaginar o que significa depender completamente de Deus para prover o pão diário.

Embora não entenda realmente o que é necessidade em seu sentido mais global e histórico, nos últimos anos minha família experimentou dificuldades financeiras suficientes para me ajudar a entender o que realmente significa depender do Senhor. E Ele tem sido bom.

Adoraria dizer que todas nossas dívidas foram miraculosamente apagadas, as contas estão plenamente pagas e temos uma boa poupança devido à abundância derramada por Deus, mas não posso. Em vez disso, posso declarar algo ainda melhor: tenho experimentado a provisão diária e aprendido a confiar e conhecer a Ele de forma que nunca poderíamos imaginar se não passássemos por dificuldades financeiras.

Conhecida e amada

Acredito que Jesus nos ensinou a orar pelo alimento diário porque isto nos força a reconhecer que Deus é nosso provedor e, por isso, nos relembra de que não devemos nos preocupar com o que comeremos daqui a três dias, semanas, meses, ou anos. Orar diariamente pelo pão nos comunica que devemos nos preocupar com um dia de cada vez — que nós devemos confiar que Deus proverá.

Você não precisa passar por tempos difíceis com suas finanças para perceber essa verdade. "O pão nosso de cada dia" não significa literalmente pão. Na verdade, nunca desejei uma mistura de farinha e água enquanto orava essas palavras. Nosso pão diário vem em diferentes formas. O "pão de cada dia" pode ser tudo aquilo que precisamos para sobreviver durante aquele dia.

Talvez o nosso pão diário seja nossas finanças. Talvez seja a sabedoria que você precisa. Ou a paciência, a misericórdia, o amor, ou ainda, alívio da dor. Pode ser muitas coisas. Quando pedimos por nosso alimento de cada dia, nos lembramos de que Deus é Jeová Jireh — nosso provedor — reconhecendo que todas as coisas boas e necessárias vêm dele. Assim como Ele é o que sustenta toda a criação, é o que provê tudo o que precisamos.

Oração

Senhor, obrigada por todas as formas de provisão — financeira, emocional e física — com a minha família. Obrigada por ser um Deus que supre as nossas necessidades e carrega os nossos fardos. Ajuda-me a reconhecer que os Teus caminhos para prover tudo o que preciso nem sempre são os caminhos que escolheria trilhar, mas que sempre são os melhores.

O que Deus diz? Leia Mateus 6:25-34.

Você é agraciada

Salmo 84:11

*Porque o S*ENHOR *Deus é sol e escudo; o S*ENHOR *dá graça e glória; nenhum bem sonega aos que andam retamente.*

Algumas imagens ilustrativas de Deus me impressionam. O versículo de hoje é um bom exemplo. O salmista nos diz: "O SENHOR Deus é sol e escudo". Alegro-me com essa verdade! Como sou uma pessoa cuja ideia de céu é estar deitada sobre uma cadeira reclinada ao lado de uma piscina ou numa bela praia, aquecida pelos raios do sol e tendo um bom livro à mão e uma bebida gelada, a ideia de Deus como o próprio Sol funciona muito bem pra mim.

Os meus dias descansando num dia ensolarado sem preocupações já passaram faz tempo. Se estiver na piscina, ficarei atenta aos meus filhos, cuidando para que estejam seguros, e se estiver deitada, aproveitando o sol, estarei usando um filtro solar com alto fator de proteção, óculos escuros e, provavelmente, um chapéu bem grande.

Contudo, não é tão difícil colocar de lado todos os perigos em potencial que agora me cercam até enquanto me bronzeio e imaginar tudo de bom que o sol oferece. Sem ele, não temos luz, é muito difícil absorver a vitamina D, não temos calor, nem mesmo vida.

O sol nos traz muitos benefícios — mais do que possa listar aqui, mais do que eu tenha conhecimento. Ele os concede a todos. A graça do sol não é simplesmente para alguns poucos sortudos, mas para todos aqueles que estão debaixo dele.

Mesmo que Deus nos dê muito mais do que o sol (especialmente considerando o fato de que Ele nos deu esse mesmo astro) ao tentarmos

Conhecida e amada

entendê-lo, poderíamos fazer muito pior do que exemplificá-lo como sol. Da mesma maneira como tudo o que precisamos fazer para aproveitar o que o sol tem a nos oferecer é nos expor a ele, assim é com Deus. O Senhor está preparado para nos abençoar, esperando para nos aquecer com Seu amor, para iluminar nossas vidas com Sua graça, para nos nutrir com Sua bondade.

Há dias, nos tempos mais difíceis da vida, quando as nuvens ameaçam nos fazer esquecer que existe algo como o brilho do sol, pode ser complicado acreditar que Deus nos concede Seu amor e bondade. Entretanto, esta é a verdade: simplesmente precisamos dar um passo em direção à bondade de Deus para sentir o que Ele tem a nos oferecer.

Oração

Deus é tão fácil esquecer todas as formas com que tu me abençoas.
É tão fácil me distrair com minha rotina e as coisas que faço "a todo vapor", esquecendo tudo que tu fizeste e que me deste.
Obrigada por Teu abundante amor e bondade. Obrigada por me concederes mais bênçãos do que posso contar. Obrigada, obrigada e obrigada, por tudo.

O que Deus diz? Leia Mateus 5:25.

Parte 10

Você é chamada e equipada

Um salmo de Davi

Não te indignes por causa dos malfeitores,
nem tenhas inveja dos que praticam a iniquidade.
Pois eles dentro em breve definharão como a relva
e murcharão como a erva verde.
Confia no S<small>ENHOR</small> e faze o bem;
habita na terra e alimenta-te da verdade.
Agrada-te do S<small>ENHOR</small>, e ele satisfará os desejos do teu coração.

Entrega o teu caminho ao S<small>ENHOR</small>, confia nele, e o mais ele fará.
Fará sobressair a tua justiça como a luz
e o teu direito, como o sol ao meio-dia.
Descansa no S<small>ENHOR</small> e espera nele,
não te irrites por causa do homem que prospera em seu caminho,
por causa do que leva a cabo os seus maus desígnios.
Deixa a ira, abandona o furor; não te impacientes;
certamente, isso acabará mal.

Porque os malfeitores serão exterminados,
mas os que esperam no S<small>ENHOR</small> possuirão a terra.
Mais um pouco de tempo, e já não existirá o ímpio;

Conhecida e amada

procurarás o seu lugar e não o acharás.
Mas os mansos herdarão a terra
e se deleitarão na abundância de paz.
Trama o ímpio contra o justo e contra ele ringe os dentes.

Rir-se-á dele o Senhor, *pois vê estar-se aproximando o seu dia.*
Os ímpios arrancam da espada e distendem o arco
para abater o pobre e necessitado,
para matar os que trilham o reto caminho.
A sua espada, porém, lhes traspassará o próprio coração,
e os seus arcos serão espedaçados.
Mais vale o pouco do justo que a abundância de muitos ímpios.

Pois os braços dos ímpios serão quebrados,
mas os justos, o Senhor *os sustém.*
O Senhor *conhece os dias dos íntegros;*
a herança deles permanecerá para sempre.
Não serão envergonhados nos dias do mal
e nos dias da fome se fartarão.
Os ímpios, no entanto, perecerão,
e os inimigos do Senhor *serão como o viço das pastagens;*
serão aniquilados e se desfarão em fumaça.

O ímpio pede emprestado e não paga; o justo,
porém, se compadece e dá.
Aqueles a quem o Senhor *abençoa possuirão a terra;*
e serão exterminados aqueles a quem amaldiçoa.
O Senhor *firma os passos do homem bom*
e no seu caminho se compraz;
se cair, não ficará prostrado, porque o Senhor *o segura pela mão.*

Fui moço e já, agora, sou velho,
porém jamais vi o justo desamparado,

nem a sua descendência a mendigar o pão.
É sempre compassivo e empresta,
e a sua descendência será uma bênção.
Aparta-te do mal e faze o bem, e será perpétua a tua morada.
Pois o SENHOR *ama a justiça e não desampara os seus santos;*
serão preservados para sempre,
mas a descendência dos ímpios será exterminada.

Os justos herdarão a terra e nela habitarão para sempre.
A boca do justo profere a sabedoria, e a sua língua fala o que é justo.
No coração, tem ele a lei do seu Deus; os seus passos não vacilarão.
O perverso espreita ao justo e procura tirar-lhe a vida.
Mas o SENHOR *não o deixará nas suas mãos,*
nem o condenará quando for julgado.

Espera no SENHOR, *segue o seu caminho,*
e ele te exaltará para possuíres a terra;
presenciarás isso quando os ímpios forem exterminados.
Vi um ímpio prepotente a expandir-se qual cedro do Líbano.
Passei, e eis que desaparecera; procurei-o, e já não foi encontrado.

Observa o homem íntegro e atenta no que é reto;
porquanto o homem de paz terá posteridade.
Quanto aos transgressores, serão, à uma, destruídos;
a descendência dos ímpios será exterminada.
Vem do SENHOR *a salvação dos justos;*
ele é a sua fortaleza no dia da tribulação.
O SENHOR *os ajuda e os livra;*
livra-os dos ímpios e os salva, porque nele buscam refúgio.

SALMO 37

Conhecida e amada

Você é forte

Salmo 127:3,4

*Herança do SENHOR são os filhos;
o fruto do ventre, seu galardão.
Como flechas na mão do guerreiro,
assim os filhos da mocidade.*

Quando eu estava na faculdade, uma terapeuta me perguntou, "Se você pudesse escolher um animal que a definisse, qual seria?".
Ri, na minha mente, por considerar a pergunta muito clichê. Se você pedisse para que eu tentasse adivinhar o que ela perguntaria — e essa era minha primeira visita — eu com certeza teria colocado esta pergunta na lista. Que tipo de animal? Que pergunta boba.
Porém, de qualquer forma, pensei sobre a questão. Pensei no motivo para estar sentada naquela sala. Pensei nos meus pais, e no seu casamento em ruínas, novamente — enquanto eu estava a quase 500 quilômetros de distância. Longe o suficiente para não poder "ajudar", para não poder proteger minha família.
"Um urso cinzento", eu disse.
Ela sorriu. Estou certa de que pareceu estranho uma estudante magrinha, loira e fraca sentada na frente dela, pensando que era uma ursa. Ela, então, perguntou o porquê.
"Porque eles gostam de peixe e frutas do campo," eu disse. "E eu também. E porque... quero atacar tudo e todos que tentem machucar minha família. Uma mamãe urso, eu acho."
Lembrei dessa conversa somente dez anos depois, sentada no banco traseiro do carro, ao lado do meu filho com dois dias de vida,

na noite em que meu esposo e eu saímos do hospital. Subitamente, alguns motoristas pareciam perigo potencial; todos os que parassem próximos ao nosso carro nos semáforos eram como ameaças ao meu bebê.

A mamãe urso estava de volta. Pronta para a vingança.

Ainda que eu sempre tivesse sido uma batalhadora e defensora (não fisicamente, por favor. Sou realmente fraca), e pronta para a briga — caso fosse necessário — todas as batalhas anteriores ficaram "café pequeno" depois que tive filhos.

Quando tive um bebê — cuja vida e proteção dependiam de mim — tudo veio à tona. Dentro de mim cresceu uma fúria, uma força que jamais poderia ter imaginado. O estranho era que, essa ferocidade e forte instinto de proteção não se aplicavam apenas aos meus filhos, mas a todas as crianças. Por crianças que nunca conhecera — e que nunca iria conhecer. Por suas mães. Por seus pais. Quando me tornei mãe o mundo pareceu muito mais necessitado de defesa e proteção.

Foi estranho. Mas sei que Deus estava trabalhado em mim. Acredito que vemos isso no Salmo 127:3-5. Enquanto muitos usam este versículo como um motivo para ter "aljavas cheias" de filhos, eu o leio diferente, pois diz que os filhos são como flechas.

Ainda que eles certamente não sejam armas (um fato que tento lembrá-los de vez em quando!), nossos filhos nos tornam poderosas, nos fortalecem e nos capacitam, da mesma forma como as flechas faziam pelos guerreiros. Nosso amor por eles — nosso desejo de protegê-los e agir corretamente — nos enche de motivação para lutarmos em sua defesa.

Assim como possuir uma flecha, ter um filho nos torna ferozes. Pode soar terrível, mas acredito que é da vontade de Deus que nos sintamos assim. Existem necessidades no mundo que somente mães cheias de amor protetor e feroz são adequadamente equipadas para enfrentar.

O instinto de proteger, de ser forte, é parte daquilo para que fomos chamadas para ser. É uma forma de expressarmos a imagem de Deus.

Conhecida e amada

Fomos feitas para guerrear — por aqueles que amamos, pelos que estão ao nosso redor, e pelo que é certo. Filhos são uma grande motivação.

Oração

Deus, existem dias em que me sinto tão fraca mediante a incansável demanda da vida e da maternidade. Enche-me da Tua força e bravura. Nos dias em que minhas energias estiverem baixas, deixa-me contar com Teu maravilhoso e sustentador poder.

O que Deus diz? Leia Efésios 6:10.

Você é chamada para o inimaginável

Salmo 78:70-72

*Também escolheu a Davi, seu servo, e o tomou dos redis das ovelhas;
tirou-o do cuidado das ovelhas e suas crias,
para ser o pastor de Jacó, seu povo, e de Israel, sua herança.
E ele os apascentou consoante a integridade do seu coração e os
dirigiu com mãos precavidas.*

Meu marido ama política. Não sou tão fã quanto ele, mas porque eu o amo, acompanho as eleições locais, estaduais e nacionais de perto. O que quer dizer que percebo que todos os candidatos — não importa a qual partido pertençam, ou qual cargo busquem — tendem a soar parecidos. Políticos tendem a ser clichês.

Considere qualquer campanha em horário político: geralmente o candidato está cercado de pessoas, mostrando o quanto se importa e está pronto a ouvir. Ou ainda, podem ser vistos em uma construção usando um capacete de proteção, provavelmente segurando uma planta baixa (eles sempre têm planos!) ou apontando para algo que está distante. Os olhares atentos daqueles que estão no local seguem o dedo que aponta para algo (políticos são líderes!). Se o candidato for um homem, com certeza você os verá com as mangas dobradas. Afinal, como se sabe, ele irá trabalhar duro, engajar-se nas negociações, "arregaçar as mangas" por nós!

Ainda que ache isso divertido, os candidatos fazem assim porque sabem o que funciona — e porque sabem que os eleitores esperam determinadas posturas deles. Quer admitamos ou não, mesmo que

Conhecida e amada

declaremos que "qualquer um" possa ser presidente ou líder, na verdade, temos ideias formadas sobre em que um candidato deve ter experiência, qual deve ser sua origem, ou até mesmo sobre sua aparência.

Não somos os únicos nesta situação. Estou certa de que toda civilização no decorrer da história também tinha seus ideais de líderes estabelecidos. Porém, na maioria das vezes, esses ideais não são compatíveis com o que Deus tem como foco.

Talvez seja por isso que eu ame a forma como o Senhor escolheu Davi. Sim, ele era bonito e habilidoso com uma funda, mas, aparentemente, não tinha muita experiência em liderança.

Conforme o versículo de hoje, quando Deus escolheu Davi, ele estava cuidando das ovelhas. Você já entrou no aprisco das ovelhas? Amo animais — especialmente ovelhas — mas este é um lugar nojento. Há moscas, ratos, fezes. Apriscos cheiram mal. Ainda assim, Deus chamou o jovem enquanto ele cuidava das ovelhas, para "pastorear o povo de Jacó".

Pergunto-me se Davi percebeu que isso aconteceria. Acho que não. Acredito que, em meio à sujeira dos currais e a condução das ovelhas, ele não poderia nem imaginar que Deus estava lhe preparando algo especial. Assim é Deus. Assim como Ele não vê o potencial de líderes políticos, nem de ninguém, como nós o vemos.

Essas são boas notícias para nós, mães — especialmente nos períodos em que passamos o dia afundadas em tarefas que não são exatamente melhores do que limpar currais! Da mesma forma como Davi foi menosprezado por ser um pastor, mães são subestimadas por serem... mães. Entretanto, é maravilhoso pensar que, mesmo quando nos sentimos sobrecarregadas e "menos importantes", devido à quantidade enorme de tempo que passamos fazendo coisas "inferiores", como trocar fraldas, arrumar os brinquedos, dar banhos, preparar comida, e esfregar banheiros, Deus está preparando algo que não somos capazes de mensurar.

Não importa onde estejamos agora, não importam quais são as supostas tarefas inúteis que preenchem seus dias, Deus está preparando um futuro inimaginável para cada uma de nós. Nosso futuro (e presente) está cheio de promessas, maravilhas e surpresas. E o Senhor está nos preparando, neste momento, para este algo especial que Ele separou para nós.

Oração

Deus, prepara-me para o futuro que ainda não posso ver. Conceda-me a experiência e a coragem necessária para que eu assuma os planos que tu irás me propor nas fases da minha vida que ainda estão por vir. E quando me sentir perdida na monotonia comum à minha vida, lembra-me de que tudo isto te traz honra.

O que Deus diz? Leia Jeremias 29:11.

Conhecida e amada

Você é chamada para ocupar uma posição privilegiada

Salmo 25:14

*A intimidade do S*ENHOR *é para os que o temem, aos quais ele dará a conhecer a sua aliança.*

Permaneci em silêncio enquanto minha amiga falava. "Será que Deus fala só com ela? É isso que ela quer dizer? Ah, por favor! Por que Deus falaria somente com ela e não comigo?"

No período em que minha amiga e sua irmã tentavam decidir como cuidariam da mãe delas que estava envelhecendo, elas passaram por alguns conflitos. Tudo piorou quando a irmã compartilhou algo que ela acreditava ter sido um direcionamento de Deus.

Ambas são cristãs e buscam fazer a vontade de Deus. As duas acreditam que Deus revela Seus planos de diferentes maneiras. Mas quando somente uma delas pareceu ter recebido uma clara direção dele, a guerra foi declarada. Naquele momento a questão não era mais sobre o que era melhor para a mãe, mas quem era mais especial diante de Deus.

Minha amiga não estava brava com o fato de, aparentemente, Deus ter concordado com as orações da sua irmã. Ela estava perplexa com o fato de Ele ter escolhido falar com a sua irmã. Sua irmã recebera uma resposta do Senhor, ao mesmo tempo que minha amiga recebera nada.

Fiquei em silêncio porque entendia plenamente o que ela estava dizendo. Não queria jogar mais lenha na fogueira. Porém, a verdade é que, apesar de eu já ter "ouvido" a voz de Deus muitas vezes, também já passei por tempos em que, ainda que precisasse desesperadamente de uma ou duas palavras, não ouvia nada. Muitas vezes me pergunto por que alguns de nós parecemos escutar tão frequentemente respostas dele, enquanto outros escutam somente sons como de grilos cricrilando.

Durante esses períodos — quando desejo ouvir a voz de Deus, mas não a ouço — me sinto esquecida, sem valor, não amada por Ele. E era assim que minha amiga se sentia também.

Ainda que possamos nos sentir assim, a verdade é diferente. Deus "fala" com todas nós. Acredito que de formas diferentes, de acordo com quem somos, quão atentamente estejamos ouvindo e quais sejam as nossas necessidades. No momento em que a irmã da minha amiga entendeu claramente uma direção de Deus, a crescente falta de paz que tomou minha amiga com relação à direção que anteriormente cria ser a correta para sua mãe acabou por ser Deus falando com ela também.

Em tempos em que precisei de um direcionamento específico de Deus, não recebi, necessariamente, uma voz vinda dos céus, mas talvez um evento aleatório, uma frase de um livro, uma passagem das Escrituras, avistei um pássaro, ou ainda, o cheiro de biscoitos da minha mãe saindo do forno, serviram como a palavra que precisava.

No salmo de hoje lemos que Deus confia em nós, que o amamos, levando-nos "a conhecer sua aliança". Isso significa que ainda que as Suas mensagens possam ser reveladas de maneiras e frequências diferentes, todas nós temos o privilégio de compartilhar a posição de confidentes de Deus. Ele fala e anda conosco. E, se prestarmos atenção, Ele fará Sua vontade conhecida para nós. Ele nos ama e nós somos preciosas para Ele.

Oração

Deus, eu gostaria que, algumas vezes, Tua vontade e Tuas palavras para mim fossem mais claras do que elas são. Eu amaria receber um email, ou uma mensagem de texto, vindos de ti, me dizendo exatamente o que preciso saber. Mas me ajuda a perceber Tua

Conhecida e amada

orientação e Tuas palavras quando tu falas comigo em formas variadas. Ajuda-me a compreender os Teus planos para minha vida, seja qual for a forma que tu escolheres me guiar.

O que Deus diz? Leia Isaías 42:16.

Você é chamada para dar passos corajosos

Salmo 37:23,24

*O S<small>ENHOR</small> firma os passos do homem bom
e no seu caminho se compraz;
se cair, não ficará prostrado, porque o Senhor o segura pela mão.*

Minha filha sempre me deixa maravilhada. Logo que seus patins para andar no gelo estavam amarrados e bem apertados, Greta entrou na pista. Ela se absteve de qualquer outra ajuda, pegou minha mão rapidamente, balançou um pouco, deu um impulso e foi em frente.

Lá estava ela, patinando no gelo como se tivesse feito isto todos os dias durante os seus 6 anos de vida.

A primeira vez que Greta caiu, choramingou um pouco, então se escorou nas laterais da pista, ganhou velocidade e voltou a patinar. Enquanto estava patinando atrás dela, lembrei-me de quando começou a andar. Foi diferente. Ela demorou a começar a andar. E, logo após ter aprendido, quebrou o pé por causa de uma escorregadela esquisita (sim, isso acontece!). Isso a atrasou mais um mês.

Durante esse período em que minha filha era tão cautelosa com cada passo que dava me perguntava o que isso significaria para sua vida. Será que seria sempre tão tímida? Será que aprenderia a andar corajosamente? Será que se arriscaria?

Ainda que Greta tenha provado muitas outras vezes que minhas preocupações sobre sua timidez eram infundadas, vê-la patinando aquele dia — caindo e levantando-se — me relembrou como Deus

Conhecida e amada

nos chama para viver. Não fomos feitas para ficar segurando as barras laterais da pista, para irmos nos arrastando, sempre com medo de cair. Deus deseja que demos passos corajosos em tudo que fizermos. Nem sempre sou muito boa nisso. Muitas vezes me prendo demais. Suponho que seja minha tendência de ficar focada no medo de falhar. Sei que não sou a única. Especialmente sendo mães, que tentam tornar a vida agradável para suas famílias, nos preocupamos que nossos passos de coragem possam atrapalhar a todos, que se abandonarmos os trilhos e descarrilarmos, podemos cair e nossa família irá sofrer junto.

Porém, temos que lembrar de que esse não é o espírito de Deus. Quando Davi nos fala que o Senhor "firma os passos do homem", nos relembrando também que quando tropeçamos "o Senhor nos toma pela mão", ele sabe do que está falando. Davi experimentou tomar decisões de coragem e também grandes falhas. Conheceu o sucesso e o fracasso durante sua vida. Ainda assim, sabia que, em qualquer situação, Deus estava presente.

O Senhor está conosco também. Pronto para nos ajudar a dar novos passos, pronto para nos segurar caso tropecemos, e pronto para caminhar com a nossa família, seja para onde formos.

Oração

Deus, cada vez que caio sinto o desejo de permanecer no chão, ficar estirada no chão da vida e desistir de tentar. Mas sei que tu me chamaste para algo maior. Sei que queres que me levante e tente novamente. Obrigada pela Tua promessa de permaneceres comigo. Obrigada pela Tua paciência, misericórdia e pelo poder do Teu Espírito Santo.

O que Deus diz? Leia 2 Timóteo 1:7.

Você é chamada para depender da força de Deus

Salmo 59:9,10

Em ti, força minha, esperarei; pois Deus é meu alto refúgio. Meu Deus virá ao meu encontro com a sua benignidade, Deus me fará ver o meu desejo sobre os meus inimigos.

Meus filhos ficam sempre animados ao contar sobre os testes físicos que fazem nas aulas de Educação Física. Fico alegre com suas histórias e seus sucessos, mas por dentro tremo ao ouvir as palavras "teste físico".

As memórias destes testes, que aparentemente, animam tanto meus filhos, são como pesadelos para mim. Tentar subir naquela corda, ou tentar flexionar a barra, ou escalar a parede colocando as estacas nas cavidades certas. O que era aquilo?

Ainda que tivesse um bom desempenho em praticamente todas as matérias — e amasse a escola — Educação Física era a aula em que eu reprovava (não literalmente). Não conseguia subir a corda, flexionar os braços na barra ou escalar os paredões. Possivelmente, ainda hoje, não conseguiria fazer nenhum deles. Não sou boa em exercícios físicos.

Porém, em termos da vida real, sou relativamente forte. Sempre fui. Posso suportar muito e por muito tempo — física e emocionalmente. Não sou chorona, ainda que os esportes na escola me fizessem sentir assim.

Não sou o super-homem, mas quando precisei ser forte fisicamente — para mudar móveis do lugar, deter meus filhos ou recuperar o gramado do jardim — a força estava lá. Quando precisei ser forte

Conhecida e amada

emocionalmente — caminhando com meu esposo ou filhos durante situações difíceis — a força estava lá.

Meus professores de educação física podem estar perplexos se perguntando de onde toda essa força surgiu tão de repente, mas eu não estou. Talvez porque saiba que sou naturalmente fraca, estou certa que minha força vem de Deus. Ele é quem coloca meus músculos em prática, motivando-me a tomar uma atitude, mesmo quando sinto que estou desmoronando diante das minhas preocupações.

Deus deseja nos encher com Sua força. Ele me encheu e encherá você. Tantas coisas na vida — quer sejam as aulas de educação física, a maternidade, conciliar a família, o trabalho e tudo o mais — tentam nos provar que somos fracas. Entretanto, Deus permanece fiel para nos mostrar que, nele, somos fortes.

Não precisamos ser fortes por nossa conta, mas encontramos nossa força em descansarmos no poder de Deus — em esperarmos nele, como lemos no salmo de hoje. Isto é ainda mais verdadeiro, quando buscamos fazer a vontade de Deus. Talvez eu nunca tenha conseguido subir aquelas cordas porque Deus nunca me chamou para escalá-las. Mas se tivesse chamado, ou se ainda vai chamar, sei que encontrarei forças nele.

Oração

Deus, passo muito tempo focada em minhas fraquezas e meus fracassos. Ajuda-me a ver como tu tens me feito forte em ti.

O que Deus diz? Leia 2 Coríntios 12:7-10.

Você é chamada para servir a um Deus grandioso
Salmo 86:10-12

Pois tu és grande e operas maravilhas; só tu és Deus!
Ensina-me, SENHOR, o teu caminho, e andarei na tua verdade;
dispõe-me o coração para só temer o teu nome.
Dar-te-ei graças, SENHOR, Deus meu, de todo o coração,
e glorificarei para sempre o teu nome.

Nesta primeira década como mãe, passei muito tempo pensando quem eu era, no que Deus tinha me planejado que fosse, no que Ele me chamou para fazer. Obviamente, desde o dia em que meu primeiro filho nasceu soube que parte de mim foi criada para ser mãe, para educar e ensinar as crianças maravilhosas que Deus me deu. Sei, desde o dia em que fiz os votos no altar, que fui chamada para ser esposa do meu marido. Tenho certeza (ainda que o sentimento varie dia após dia) de que, desde os sete anos Deus me chamara (me criara) para ser escritora. E, além disso, sei que sou chamada para ser uma boa mordoma de todos esses dons.

Porém, ainda que soubesse tudo isto (e ainda mais) sobre quem eu sou e para o que fui criada, ainda lutava — especialmente nos dias em que me sentia falhando em todos os meus chamados. Nos dias em que me sentia muito desanimada para ser uma esposa atenta ou uma mãe consistente ou ainda, e muito sobrecarregada até mesmo para escrever uma lista de compras — quem dirá um texto no meu blog, pensava que Deus talvez tivesse cometido alguns erros quando me criou.

Conhecida e amada

Acredito que muitas pensam dessa forma — até que reconheçamos para o que fomos chamadas: dar nosso melhor em tudo que fizermos, em qualquer momento de nossa vida. Devemos fazer tudo para a glória de Deus. Considerando que, no final, mais importante do que nossos chamados como esposas, mães, irmãs, amigas, ou qualquer carreira ou voluntariado que nos comprometamos, somos chamadas para servir nosso poderoso Deus. Nós o servimos fazendo isto — seja lá o que for — para Ele.

Mesmo que para algumas isso pareça desanimador — a ideia de lavar a louça ou ajudar nas tarefas da escola, ou mesmo defender um cliente — na verdade, é libertador. Deus não espera perfeições, Ele sabe que vamos falhar às vezes diante de nosso chamado. Quer nossos corações, nossas mentes, nossos corpos, nossas almas focadas nele, enquanto trabalhamos. Quando Davi pede a Ele para que ensine Seus "caminhos" e dê um "coração para só temer o teu nome", acredito que estava procurando uma forma de servir seu grande e maravilhoso Deus em tudo que fizesse. Quando nossos corações (mente, alma e corpo) estão inteiramente comprometidos e atentos, reconhecemos que fomos criadas simplesmente para glorificar a Deus, em tudo que fizermos.

E quando falharmos — e todos falham — Ele nos oferecerá graça, perdão, novas chances, e tudo que já exploramos nos devocionais deste livro. Ele nos ama, pois nos criou, somos dele e, acima de tudo, somos chamadas para servir nosso maravilhoso Deus.

Oração

Deus, obrigada por aceitares nossas melhores tentativas. Obrigada por não nos condenares quando erramos, mas, em vez disto, estares disposto a nos ajudar na desordem de nossa vida. Ajuda-me a te amar com tudo o que sou — e em tudo o que faço.

O que Deus diz? Leia Deuteronômio 6:5.

Apêndice A
Sobre os Salmos

Sempre amei os Salmos desde pequena. E mesmo durante os períodos nos quais era difícil ler a Palavra de Deus, por não me sentir muito "ligada" a Jesus, os Salmos me acenavam, me compeliam com sua beleza, crueza e verdade. Posso facilmente dizer que este é meu livro preferido da Bíblia.

E mesmo assim, enquanto me sentava para escrever esse apêndice — para oferecer algum conhecimento necessário sobre os Salmos — percebi quão pouco eu na verdade conhecia sobre eles e o quanto precisava conhecê-los. Assim, procurei o professor e pastor, Gregg DeMey. Este meu amigo também ama os Salmos; ele se embebe neles, assim como eu, mas consegue levá-los muito adiante. DeMey leu muitos livros sobre esta porção das Escrituras, estudou-os no seminário, pregou sobre eles e consegue lê-los (mais ou menos) em hebraico. Também é músico e passou um tempo considerável escrevendo música para os salmos. Algumas das músicas que compôs são bem conhecidas.

Desta maneira, nossos encontros regados a chá com leite e café, em uma pequena cafeteria local, me ajudaram a aprimorar em algumas coisas fundamentais que eu — e todos — deveriam saber sobre este livro bíblico. Mesmo se pudesse encher uma biblioteca inteira com fatos que poderíamos (ou deveríamos) aprender sobre os Salmos, eu reduzi tudo a três itens.

Conhecida e amada

1. Os Salmos eram cantados

As palavras dos Salmos sobrevivem há milênios, suas melodias não. É difícil fazermos ideia de como eram essas músicas, mas bem sabemos que estas palavras eram para serem cantadas. Sabemos disso, pois acima de muitos salmos existe o cabeçalho "ao mestre de música". Mas também sabemos por causa da tradição bíblica da profecia poética. Segundo DeMey, "os profetas no Antigo Testamento faziam seu trabalho com acompanhamento musical". Observe em 2 Reis 3:15, quando o rei Jeosafá chama o profeta Eliseu. Antes de começar a profetizar, Eliseu chama seu harpista e "Quando o tangedor tocava, veio o poder de Deus sobre Eliseu."

Isso soa tudo muito dramático — talvez até engraçado — mas, de acordo com DeMey, na Bíblia a poesia, a profecia e a música andavam de mãos juntas. Quando lhe perguntei se o seu coração de músico ficava triste ao saber que ele não poderia ouvir a melodia dos Salmos, sua resposta me surpreendeu. Ele até gostaria de saber como aquelas canções soavam, mas se perguntava se Deus não tem um propósito conosco, escondendo de nós as melodias. Afinal, se tivéssemos as melodias, os salmos em si poderiam ter sumido, com a influência da mudança no gosto musical.

Além disso, sugeriu que a música para os Salmos pode ser encarada de forma semelhante ao enchimento com o Espírito Santo falando às novas gerações de pessoas tementes a Deus. Assim, por não termos as melodias que acompanhavam os salmos, a igreja teve que inserir a música ao longo dos anos, mantendo as palavras e significados de maneira "relevante" para cada nova geração.

DeMey também apontou para o que Davi escreveu no Salmo 40, sobre Deus dando a ele um novo cântico. De fato, por não haver música, a igreja tem a oportunidade de cantar novas músicas para palavras antigas e, desta maneira, expressar criatividade. De acordo com meu amigo, quando você coloca os salmos em uma nova forma cultural, eles tomam um novo significado. Sem terem uma música aliada a si, os salmos são muito mais livres e mais facilmente adaptáveis para nossa vida.

2. Salmos são poemas — ou algo assim

Todos nós sabemos que Salmos são poemas, mas a antiga convenção poética dos hebreus difere drasticamente da nossa concepção de poesia. Por exemplo, os poemas hebraicos são praticamente destituídos de rimas, métricas e aparentam ser uma prosa quando dispostos em uma página.

Então, como sabemos que são poesias? De acordo com DeMey, a característica que define a poesia hebraica é o paralelismo. Nas poesias hebraicas vemos comumente duas frases colocadas juntas que se esclarecem. Por exemplo, no Salmo 120:4 diz:

Flechas agudas do poderoso, com brasas vivas de zimbro.

Nesta violenta resposta, que mostra o que Deus fará aos mentirosos, vemos duas frases colocadas juntas e esclarecendo uma a outra: as brasas vivas adicionam um pouco mais de luz (e calor!) à punição.

Na realidade vemos esse tipo de construção em outras partes das Escrituras — até Jesus usa este estilo poético. Em Mateus 19:14, Jesus diz: "Deixai os pequeninos, não os embaraceis de vir a mim, porque dos tais é o reino dos céus."

Você vê o mesmo estilo de paralelismo quando Jesus instrui as crianças a virem até Ele — sem impedimentos. Foi uma escolha editorial não imprimir as palavras de Jesus como poesia. E isso nos leva ao ponto final.

3. Salmos — um livro de números

Embora a maioria dos poetas não se considere "pessoas de números", se você conhece alguma coisa sobre poemas ou letras de músicas, você sabe que números importam sim. Contar, mais especificamente, importa para manter o ritmo, a métrica e as rimas. Os salmos não são diferentes.

Mas além da implicação numérica de cada salmo, em algum momento um de seus primeiros "editores" decidiu que números deveriam ter uma grande importância na estrutura geral de todo o livro.

Considere: o livro de Salmos é, na verdade, composto por cinco livros. Por que cinco? Nós não sabemos. Alguns supõem que é para corresponder ao Pentateuco. Mas independente da razão, esses cinco livros têm importância. "Saber onde os Salmos aparecem no âmbito geral e nos pequenos livros faz a diferença em como nós os entendemos," diz DeMey.

Alguém, em algum momento em torno de 300 ou 400 a.C., decidiu que deveria haver 150 salmos. É um número bom, redondo. Como podemos saber que não foram sempre 150 salmos? Pois "claramente" alguns deles foram divididos. DeMey diz, por exemplo, que o Salmo 42 e 43 foram escritos como um só Salmo, pois eles apresentam o mesmo refrão: "Por que estás abatida, ó minha alma? Por que te perturbas dentro de mim? Espera em Deus, pois ainda o louvarei, a ele, meu auxílio e Deus meu."

O mesmo ocorre com os Salmos 111 e 112, pois juntos eles formam um acróstico do alfabeto hebraico.

Curiosidades sobre os Salmos

- Cada um dos cinco livros segue um pressuposto teológico de que "as coisas sempre terminam bem com Deus". Essa suposição vai crescendo por todos os livros até chegar ao 150 — o salmo máximo de louvor. Mas reflita como termina o livro III. O penúltimo salmo neste livro é o Salmo 88, o pior lamento dos livros.
- Apesar do Salmo 89 ser levemente mais animador, estudiosos acreditam que a última frase, "Bendito seja o SENHOR para sempre. Amém, e Amém" (separado por uma linha na maioria das Bíblias!) foi acrescentada por um editor nos tempos antigos para apoiar a hipótese de que tudo sempre termina bem com Deus. Então, dentro destes cinco livros que constituem os Salmos, existem também outras categorias, como o Hallel Egípcio (Salmos 113–118), que eram cantados durante a Páscoa judaica (Jesus deve ter cantado estes durante a última Ceia) e os Salmos das Ascensões (Salmos 120–134), que alguns acreditam que eram cantados

quando os israelitas subiam os morros em Jerusalém indo para as três festas judaicas anuais.
- Embora os Salmos sejam frequentemente atribuídos a Davi, ele só escreveu aproximadamente 73 deles. O restante foi escrito por diversos autores. Os autores que conhecemos são Davi, Salomão, Asafe, Etã, Hemã, os coraítas e talvez Moisés. Nem todos têm autores conhecidos.
- Um terço dos Salmos são lamentações — expressam descontentamento ou raiva com Deus.
- Jesus fez mais citações dos Salmos do que de qualquer outro livro do Antigo Testamento.

Apêndice B

Escreva seu próprio Salmo

Ler os Salmos nos faz sentir agradecidas pelas palavras que nos ajudam a expressar o que sentimos sobre Deus, ou as circunstâncias, ou sobre nossa vida no geral. Mas não há motivos que nos impeçam de escrever nossas próprias palavras para descrever as mesmas coisas. Assim, se você já se sentiu com o desejo de oferecer algumas linhas a Deus, em louvor e gratidão, ou em lamento e frustração, chegou a sua hora!

Nas próximas páginas você terá algumas opções. Poderá escrever seu poema em estilo livre ao Senhor, escolhendo as convenções hebraicas desprovidas de métrica e rimas e com várias linhas paralelismo. Ou poderá seguir a poesia tradicional e envolver seu poema em rimas e ritmo. Não há porque não escolher o haicai (estilo poético japonês), o estilo livre, um soneto, versos satíricos ou qualquer estilo que combine com seu humor.

Não consegue pensar em algo? Aqui estão algumas razões para ajudá-la a pensar:

- Como você tem observado Deus na natureza, ultimamente? Que partes da criação lhe são de tirar o fôlego por sua beleza? O que ouve, vê, sente ou que aromas e sabores tem sentido que fazem com que se maravilhe diante da bondade e criatividade divinas?
- Por qual motivo está agradecida neste momento?

- O que a preocupa?
- O que tem lhe causado frustração?
- Quais orações está esperando que Deus responda?
- Que milagres tem esperança de que o Senhor opere em sua vida?
- Que bênçãos inesperadas Deus derramou sobre você?

Preencha as lacunas e escreva seu salmo

Se você não consegue escrever nem um rascunho do seu salmo, por que não customizar um que já existe? Tente o Salmo 13.

Salmo 13

Até quando, Senhor? _____ (verbo)
de mim para sempre?
Até quando irás _____ (verbo)
Teu _____ (substantivo) de mim?
Até quando eu devo _____ (verbo)
com minha (meu) _____ (substantivo)
e a cada dia ter _____ (substantivo)
em meu (minha) _____ (substantivo)?
Até quando irá meu _____ (substantivo)
triunfar sobre mim?

Atenta para mim, responde-me, Senhor, meu Deus.
Dá _____ (substantivo) à
(ao) minha (meu) _____,
ou irei _____ (verbo) em
_____ (substantivo), e meu inimigo
dirá: "_____" (zombaria ou
vanglória) e meus adversários irão
_____ (verbo) quando eu
_____ (verbo).

Conhecida e amada

*No tocante a mim, confio na tua graça; regozije-se o meu coração na tua salvação. Cantarei ao S*ENHOR*, porquanto me tem feito muito bem.*

Guia de Estudo

Este livro foi planejado para incentivar o crescimento espiritual pessoal ou de um grupo. Independente de como for usá-lo, o tempo que você investe lendo a Palavra de Deus e refletindo em quem você é em seu relacionamento com Deus é muito valioso.

Se você está lendo para seu crescimento individual, leia as seções em seu próprio ritmo e use essas questões para reflexão e para manter um diário. Como são 52 seções, você pode decidir ler uma por dia ou uma por semana, mas não se sinta culpada se não conseguir ler um dia ou por uma semana. Reinicie novamente!

Mesmo que o estudo individual seja importante, existe grande valor em explorar esses tópicos em um grupo de mulheres que também buscam a Deus. Vocês podem aprender juntas e encorajar umas às outras em seu crescimento. Como os 52 devocionais foram divididos em dez seções, vocês poderão ler esse guia em dez encontros para um grupo de estudos. Use como um ponto inicial e adapte-os para as suas próprias necessidades. As perguntas enfatizam alguns devocionais dentro das seções de estudo. Sinta-se à vontade para destacar outros pontos para atender as necessidades de seu grupo. Evite desviar-se de seu objetivo — conhecer melhor a Deus e a si mesma ao investir tempo com os salmos. Veja as notas especiais para líderes de grupos.

Regras gerais para grupos de estudo

Faça do seu grupo um lugar seguro para as mulheres se arriscarem e compartilharem suas ideias e questionamentos enquanto exploram sua própria identidade e sua compreensão de Deus. Façam um acordo de confiança dentro do grupo para que haja uma atmosfera segura para o compartilhamento.

É importante também encorajá-las a manterem a discussão sempre voltada para os versículos recomendados nos devocionais. Se não aquelas que não possuírem muito conhecimento da Bíblia podem se sentir intimidadas por aquelas que citam vários versículos diferentes. Isso também ajudará a manter o foco sobre o assunto proposto. Também encoraje as mais comunicativas a escutar com atenção e às mais quietas a se sentirem à vontade para falar.

Formato de cada sessão

- Ore para que o Espírito Santo abra os seus olhos sobre si mesma, para Deus e para os outros durante a discussão.
- Comece cada reunião lendo em voz alta o salmo que é tema para aquela sessão.
- Inicie a conversa perguntando às participantes qual devocional daquela seção foi mais impactante para elas e por quê.
- Use as perguntas específicas que forem colocadas.
- Aplique a verdade de cada seção, olhando o versículo no final de "O que Deus diz?" e discutindo em como pode ser aplicado para o seu dia a dia.
- Invistam tempo orando umas pelas outras.

Sessão 1: Você foi feita maravilhosamente

Você foi feita da maneira certa
- Compartilhe sobre momentos em que você se sentiu "feita da maneira certa" e momentos em que se sentiu "inadequada" como criança ou adolescente.
- Você carrega algum sentimento de "inadequação" ainda na idade adulta? Descreva como isso a afeta.
- Como o Salmo 139 pode mudar o seu pensamento sobre si mesma?

Você recebeu anseios únicos
- Quais são alguns desejos especiais que Deus colocou em seu coração?
- Como seria se você se arriscasse e desse um passo em direção aos desejos do seu coração?

Sessão 2: Você é guardada por Deus

Você é sustentada
- Caryn fala sobre como a maternidade é exaustiva. Compartilhe sobre as áreas nas quais você precisa de força física e emocional para cada dia.
- Você percebe as evidências de que Deus a está sustentando? Se é difícil identificar isso, deixe que outros no grupo a encorajem, testemunhando de suas próprias experiências sobre como Deus as tem sustentado.

Você é ouvida
- Compartilhe sobre as maneiras pelas quais você se sente silenciada ou invisível como mãe.
- Você teve já compartilhou sua opinião e foi ouvida? Como foi isso?
- O fato de Deus ouvi-la e cuidar de você aumenta sua autoconfiança?

Sessão 3: Você é parte da história de Deus

Você é uma contadora de histórias
- Pense sobre sua própria vida. Existem alguns momentos decisivos ou elementos-chave em sua história em que é possível observar o agir de Deus em sua vida? Compartilhe-os com outras do seu grupo.
- Existe alguma parte da sua história que você não gosta de contar? *(Líder: se o grupo está se tornando um lugar seguro, encoraje estas histórias também. Caso contrário, encoraje as mulheres a tomarem um tempo para si durante a semana para "digerir" as partes difíceis da sua própria história. Após este exercício, talvez você precise de orientações de psicólogos/conselheiros cristãos, se necessário.*

Você é um canal de fidelidade
- Compartilhe sobre momentos em sua árvore genealógica nos quais você pode observar a fidelidade de Deus. Se isso é difícil, pense em como você está construindo sua família agora. Onde você pode ver a fidelidade de Deus em sua família hoje?
- Sonhe sobre o que seus filhos dirão sobre sua família quando estiverem crescidos. De que tipo de legado você gostaria que eles falassem? Quais são os passos que você pode dar para ter este tipo de família hoje?

Sessão 4: Você é uma obra em andamento

Você é refinada pela maternidade
- Compartilhe sobre como você mudou desde que se tornou mãe.
- Caryn usa a analogia da transformação. Quais áreas da sua vida sofreram reviravoltas como pessoa?
- Algumas áreas de seu ser foram reconstruídas através da maternidade? Compartilhe sobre essas áreas.

Você é afetada por suas escolhas
- Qual a diferença entre consequências e perdão?
- Você está se sentindo presa a alguma escolha errada que fez no passado? É possível experimentar redenção nessas áreas?
- Como mãe, como você responde às escolhas erradas que seus filhos fazem?

Sessão 5: Você é feita à imagem de Deus

Você é criativa
- Você se vê como criativa? Por que sim ou por que não?
- O que significa para você ser feita à imagem de Deus, como uma pessoa que tem a capacidade de ser criativa?
- Existem áreas de criatividade que você gostaria de explorar ou desenvolver?

Você é complexa
(Líder: Caryn se refere a perguntas usadas para entrevista de recursos humanos na página 79 do livro. Use estas perguntas no seu grupo).
- Como você se descreveria além da sua identidade de "mãe"? "Eu sou mãe e também _____".
- Existe algum dom ou *hobby* que você gostaria de explorar? O que a impede de se arriscar nesta área?

Sessão 6: Você foi feita para muitas coisas

Você foi feita para estar perto de Deus
- Descreva um momento em que você se sentiu confortável e segura como família.
- Caryn comenta como Deus quer Sua família perto dele também. Que imagem você vê quando se imagina perto de Deus?
- O que pode impedi-la de estar mais próxima de Deus?

Você foi feita para fazer a vida valer a pena
- Caryn descreve seu sentimento de tédio durante parte do tempo em que permaneceu só como mãe e dona de casa. Você também se sente assim? Por que sim ou por que não?
- Faça uma lista de todas as coisas que você faz como mãe e que são importantes para a sua família, tanto a longo quanto a curto prazo.

(Líder: Se este exercício for difícil para algumas mulheres, encoraje a se ajudarem umas às outras a adicionar à lista para que vejam o quanto suas vidas são importantes.)

Sessão 7: Você tem a chance de recomeçar

Você é curada das feridas
- Existem áreas da sua vida que você já se decepcionou ou está sendo decepcionada?

(Líder: Se uma das mulheres sentir-se decepcionada, invista algum tempo para orarem juntas. Resista à vontade de oferecer conselho ou de querer "consertar" o coração da outra. Ter uma amiga que fique ao nosso lado durante este momento de dor é importante).

Você recebeu uma segunda chance
- Recorde uma experiência no passado em que houve um novo começo, como uma mudança ou nova escola. Descreva seus sentimentos sobre esse recomeço.
- Você está presa a alguma culpa ou erro? Como você pode fazer uma escolha consciente para sair da culpa e estar ciente do perdão de Deus?

(Líder: Passem um tempo se encorajando em relação à cura e perdão de Deus.)

Sessão 8: Você é digna

Você merece estabelecer limites
- Caryn fala sobre a falta de tempo e espaço definidos, causando estresse. Você é boa em manter os limites em sua vida? Que nota você se daria neste quesito? Discuta sobre a sua resposta e descreva como andam seus limites ou a falta deles.
- Como você se sente sobre colocar limites em áreas difíceis da sua vida?
- Em qual área da vida você pode estabelecer um limite para definir melhor seu valor neste âmbito?

Você merece se aquietar
- Você teve algum momento para se "aquietar" na semana passada?
- O que a impede de ter um tempo para deixar sua alma em silêncio?
- De que maneira prática pode fazer tempo para se "aquietar" no seu ritmo de vida?

Sessão 9: Você é amada por Deus

Você é escolhida
- Compartilhe sobre um momento de rejeição da sua infância. Que emoções e sentimentos essas experiências trazem?
- Lembre-se de um momento no qual você foi escolhida — um relacionamento, um emprego — e compartilhe como essa experiência fez você se sentir.
- O fato de você ser escolhida por Deus muda a sua perspectiva diária de vida?

Você é sustentada
- Quando você pensa no "pão nosso de cada dia", quais os aspectos da vida que está colocando diante Deus?
- Como a sua perspectiva de Deus muda, ao perceber que Ele cuida de cada "pão nosso" em sua vida?
- Compartilhe momentos em que percebeu a provisão de Deus no passado. Sugerimos que mantenha um diário com essas experiências para edificar a sua confiança em Deus no futuro.

Sessão 10: Você é chamada e equipada

Você é forte
- Qual animal você escolheria para se descrever e por quê?
- De quais maneiras você viu seu amor protetor aumentar desde que teve filhos?
- Compartilhe algumas áreas nas quais você não se sente tão forte. Ore por estas áreas.

Você é chamada para dar passos corajosos
- Compartilhe sobre um momento no qual você teve que aprender uma habilidade nova. Como você se sentiu? Como isso a fez crescer em sua autoconfiança?
- Existe alguma área em sua vida que você sente que Deus a está chamando para dar um passo mais corajoso? Como este salmo a ajuda a dar passos largos?

(Líder: Separe algum tempo para encorajarem-se umas às outras nos caminhos de Deus e celebrar o crescimento juntas.)